话说长城

孙冬虎 著

中国工人出版社

▲ 万里长城

目录

目录

万里长城是古代劳动人民创造的一项伟大建筑工程，在很大程度上也是中国形象与民族精神的地理象征。从它的出现到逐步完善，迄今已历经两千多年的岁月沧桑，由此凝聚了底蕴深厚的长城文化。

第一章　百雉层城万里遥

▲ 万里长城（吴文涛摄）

万里长城是古代劳动人民创造的一项伟大建筑工程，在很大程度上也是中国形象与民族精神的地理象征。从它的出现到逐步完善，迄今已历经两千多年的岁月沧桑，由此凝聚了底蕴深厚的长城文化。在地理条件和历史发展的影响下，北京地区的长城显示了独特的军事意义与文化价值。

列国初见筑长城

“城”的历史可以追溯到遥远的夏商周时期，考古发现的众多遗址证实了城的起源由来已久。它的本意是为了守卫某个地方而筑起的高墙，正如《墨子》所言：“城者，所以自守也。”[1]环绕在聚落四周的高墙通常呈现“口”字形，构成了保护居民免受外来侵扰的屏障。

[1] 《墨子·七患》，《诸子集成》孙诒让《墨子闲诂》本，中华书局 1954 年影印，第 17 页。

这样的聚落因此与普通聚落区别开来，被称为“城”或“城邑”，乃至更晚些的“城市”。不仅如此，人们在战争攻伐中体会到，一重城墙往往不足以抵御敌人进攻，还需要在它的外围修建第二重高墙，也就是把“城”包裹起来的“郭”。内城与外郭并称“城郭”，二者由此构成“回”字形的双重防御体系，这也就是《孟子》所谓“三里之城，七里之郭，环而攻之而不胜”[1]。筑城既是保境安民的需要，也是进行军事进攻的手段。《诗经》里的“天子命我，城彼朔方”[2]，即为奉天子之命在北方筑城之意。

由“城”的含义引申开来，长城就是特殊的城墙。《孟子》说：“诸侯之宝三：土地、人民、政事。”[3]土地和人民构成了国家，政事是对国家的管理，修筑保卫国土和人民的城墙无疑是最重要的国家政事之一。先秦时期诸侯国之间的某些边境，便修筑了绵长的高墙作为御敌屏障与分界标志。它们的功能与城墙相近，但更加高大坚固，长度远远超过任何一座通都大邑的城墙，因此被称为“长城”。长城与烽火台、敌楼、关城、墩堡等配套建筑，共同构成了完整的军事防御体系。横亘在我国北方的

---

[1] 《孟子·公孙丑下》，《黄侃手批白文十三经》本，上海古籍出版社 1983 年版，第 20 页。

[2] 《毛诗·小雅·出车》，《黄侃手批白文十三经》本，上海古籍出版社 1983 年版，第 70 页。

[3] 《孟子·尽心下》，《黄侃手批白文十三经》本，上海古籍出版社 1983 年版，第 85 页。

长城，在古代充当了保卫中原农耕文明的重要屏障。当代民众对长城的第一印象，通常是秦始皇在北方修长城的故事和传说，作为游客接触最多的则是明代在北齐等朝所建的基础上整修的长城。但是，“万里长城”远不止万里之长，长城的分布也不仅限于中国北方。历史上修建长城的长度不下 5 万公里，根据近年来文物和测绘部门所做的调查，北京、天津、河北、山西、陕西、甘肃、内蒙古、黑龙江、吉林、辽宁、山东、河南、湖北、湖南、青海、宁夏、新疆等省市自治区境内遗存的长城，总长度超过 2 万公里。

西周的末代帝王周幽王“烽火戏诸侯”的荒唐故事，载于司马迁《史记》：“褒姒不好笑，幽王欲其笑万方，故不笑。幽王为烽燧大鼓，有寇至则举烽火。诸侯悉至，至而无寇，褒姒乃大笑。幽王说之，为数举烽火。其后不信，诸侯益亦不至。”[1]这个故事的可信程度近人有所质疑，但也表明古人通过烽燧传递军情的方式确是由来已久。烽燧“皆山上安之，有寇举之”[2]，这是用来报警的设施，一旦遇到敌情，白天烟起狼烟，夜间高举火炬，士兵像传递接力棒一样逐次发出信号，使远方得以迅速知晓、早做准备。幽王之后，周室东迁洛邑即今河南洛阳，历史进入了东周时期。东周历史的前半段是诸侯兼并的春秋时

[1] 司马迁：《史记》卷四《周本纪》，中华书局标点本，第 148 页。
[2] 《史记》卷四《周本纪》张守节《史记正义》，第 149 页。

期，后半段是大国争霸的战国时期。各国既互相攻伐也注重防守，由此迎来了修筑长城的第一个高潮。

《孟子》说“春秋无义战”[1]，列国在边境地区修筑长城，是抵御其他诸侯国进攻的有效手段。《左传·僖公四年》记载，齐桓公与管仲率领数国军队伐楚，楚国大夫屈完奉命到召陵（今河南郾城东）谈判。桓公请屈完一同观看军容雄壮的队伍，恫吓道：“以此众战，谁能御之？以此攻城，何城不克？”屈完毫不畏惧地回答：“君若以德绥诸侯，谁敢不服？君若以力，楚国方城以为城，汉水以为池，虽众，无所用之。”[2]这里的“方城”，就是楚国境内的一道长城，大约从今河南泌阳北部到叶县，再经内乡东北抵达湖北竹山县境内。面对楚国的坚强意志和深沟高垒，齐桓公不得不在缔结盟约之后退兵。此事发生在公元前656年，楚国长城的修筑自然在此之前，对多国军队发挥了强大的震慑作用。

在这之后的战国时期，齐、韩、魏、赵、燕、秦、中山等诸侯国，相继修筑长城以自卫。已经亡佚的山东地方史著作《齐记》称：“齐宣王乘山岭之上筑长城，东至海，西至济州千余里，以备楚。”[3]齐国南部这道防备楚国侵犯的长城，是齐宣王利用

---

[1] 《孟子·尽心下》，《黄侃手批白文十三经》本，上海古籍出版社1983年版，第83页。

[2] 《左传·僖公四年》，《黄侃手批白文十三经》本，上海古籍出版社1983年版，第58页。

[3] 《史记》卷四十《楚世家》张守节《史记正义》引《齐记》，第1732页。

天然山势与人工建筑组合而成，横穿山东半岛直抵海边。唐代的《括地志》描述道："长城西北起济州平阴县，缘河历太山北冈上，经济州淄川，即西南兖州博城县北，东至密州琅邪台入海。《蓟代记》云齐有长城巨防，足以为塞也。"[1] 平阴县，治所在今平阴。太山，即泰山。淄川，即今淄博市淄川城。博城县，治今泰安市东南 15 公里旧县。琅邪台，在今青岛市黄岛区琅琊镇东南 5 公里琅琊山上。这段绵延一千多公里的长城，至今仍留有较多遗迹。

在今河北、山西交界的太行山区，中山国在周烈王七年（前 369 年）修建了防御赵国的长城。魏惠王在国境内修筑了两道长城：河西长城是利用洛水堤防增扩而成，南起今陕西华县，北至内蒙古固阳县，用以防备西边的秦国与北部的林胡诸族；南长城自河南原阳县西境转向东南，再折向西南至新密市境内，以保护都城大梁即今开封。韩国与魏国毗邻，其境内的长城原是郑国所筑。韩国的南部边境，就是楚国的方城。

在秦、赵、燕三国的北部边境，有东胡、匈奴、林胡、楼烦等游牧民族为邻。他们擅长骑射、精于野战，偷袭掳掠的机动性和战斗力远非三国倚仗的步兵和战车可比。因此，修筑长城阻滞敌骑，就成了南边诸国保卫人民生命财产、延续农业文明的必然

[1] 《史记》卷四十《楚世家》张守节《史记正义》引《括地志》，第 1732 页。

选择。秦惠文王时夺取了魏国的西河郡和上郡，使得今陕西洛河流域及东北部地区被划入秦国版图。为防备北面的林胡、楼烦侵扰，惠文王十三年（前 325 年）令张仪筑上郡关塞。秦昭王时，原为义渠部族游牧之地的北境变为秦国的北地郡。为防匈奴南下掳掠，遂在陇西、北地、上郡修筑长城。赵武灵王通过倡导“胡服骑射”改变了传统兵制，于二十六年（前 300 年）击灭中山国，使赵国领土范围向北和西北显著拓展，据此设置代郡、雁门郡、云中郡，修筑了自阴山（今内蒙古大青山、乌拉特山）向西直抵大河（今内蒙古乌加河）的长城。燕国北部经常受到东胡袭扰，燕昭王时秦开率大军将胡人驱逐到千里之外，随后拓地辽东直至今朝鲜清川江畔。燕国在边境修筑了自造阳（今河北赤城县独石口附近）至襄平（今辽宁辽阳市老城）的长城，在长城以南设置了上谷、渔阳、右北平、辽西、辽东诸郡以加强守卫。

万里长城始于秦

到秦代，北方出现了名副其实的“万里长城”。始皇帝二十六年（前 221 年）秦扫平山东六国，建立了中国历史上第一个统一的中央集权制国家，面临的最大威胁依然是来自北面的匈奴。《史记》记载：秦始皇三十二年（前 215 年），“乃使蒙恬将三十万众北逐戎狄，收河南。筑长城，因地形，用制险塞，起临洮（今甘肃岷县），至辽东，延袤万余里。于是渡河，据阳山（今内蒙古河套西北狼山），逶蛇而北”[1]。修筑长城是巩固军事胜利成果的重大措施，也是日后守卫边境的战略依凭。蒙恬北击匈奴，尽取黄河以南土地，继而占领阴山以南、黄河以北地区，随之把长城也修到了这里。西起临洮、东至辽东的长城，实际上有分别处在黄河南北的两道。黄河以南的长城西起今甘肃岷县，沿着洮河向北至临洮，由此转向东北，经定西县、宁夏固原、甘肃环县，陕西靖边以及横山、榆林、神木诸县，再折向北，最终抵达内蒙古托克托县黄河南岸。黄河以北的长城始于阴山山脉西段的狼山，向东穿过大青山北麓，再经今内蒙古集宁、兴和进入河北尚义县境内。由尚义向东北，经张北、围场等县，再向东至辽宁抚顺、本溪后又折向东南，最终止于朝鲜半岛清川江流入黄海处。秦代的长城或把六国时期秦、赵、燕北部边境的残留长城连为一体，或是大规模动用民力新筑。两道长城及其所依托的黄河与阴山山脉，共同构成了横亘整个北部边境的军事防线。与此同时，长城内的广大地区则实行“堕坏城郭，决通川防，夷去险阻”[2]的政策。战国时期各国修建的其他长城乃至城墙等防御设施，已经变为秦帝国统一政令、发

[1] 《史记》卷八十八《蒙恬列传》，第 2565 ~ 2566 页。
[2] 《史记》卷六《秦始皇本纪》，第 252 页。

展交通的阻碍，在新形势下被拆毁亦属势所必然。

秦代以后在中原地区建立的政权，包括汉、晋、北魏、东魏、西魏、北齐、北周、隋、唐、辽、宋、金、元、明、清等朝代，都曾或多或少地修过长城。秦始皇时代建立的横亘东西的万里长城，成了我国以中原地区汉族为主体的种植农业文明与北方少数民族为主体的草原游牧文明的地理分界线。即使是来自塞外的少数民族建立的政权，一旦入主中原地区就会从农业文明的敌对者变为拥有者与接受者，继而又成为它的保护者，以此抗衡北方草原上崛起的其他游牧民族建立的政权及其所代表的游牧文明。这样，无论哪个民族修建长城，都是为了构筑保护农业文明的屏障，非汉族政权为此投入的国力并不少于汉族政权。长城的修筑并非少数几个朝代所为，而是贯穿了从春秋战国到清代这两千多年漫长的历史过程。

西汉初期中原地区的楚汉相争，给了匈奴冒顿单于在塞外迅速强大起来的良机。匈奴控弦之士多达三十余万，他们击败东胡、月氏等部族后，不仅全部收复了秦代蒙恬夺取的匈奴故地，而且占据了黄河以南的关塞，势力直抵陕西北部的肤施（今延安）一带，因此经常会侵扰到河北及山西北部的燕、代诸郡。刘邦在平城（今山西大同）附近的白登山被围，足以表明长城沿线的防御虚弱不堪。在随后的很长一段时期内，屡次发生匈奴在长城沿线进攻与汉朝出塞反击匈奴的战争，但汉朝更多的是选择以赠物、和亲或“约为兄弟”等方式来减缓匈奴的进攻。长达数十年的“文景之治”使西汉得以休养生息，到武帝时已经积累起强盛的国力。元朔二年（前 127 年），“汉使将军卫青将三万骑出雁门，李息出代郡，击胡。得首虏数千人。其明年，卫青复出云中以西至陇西，击胡之楼烦、白羊王于河南，得胡首虏数千，牛羊百余万。于是汉遂取河南地，筑朔方，复缮故秦时蒙恬所为塞，因河为固”[1]。西汉在河套地区移民设朔方郡，苏建筑朔方城，修缮秦长城。元狩二年（前 121 年），骠骑将军霍去病“击破匈奴右地，降浑邪、休屠王，遂空其地，始筑令居以西”[2]。这是河西长城的第一段，令居塞在今甘肃永登县城附近。

元狩四年（前 119 年），卫青与霍去病率军驱赶匈奴，“是后匈奴远遁，而幕南无王庭”[3]，秦长城因而得到修缮利用。元封三年（前 108 年），赵破奴率军数万“击破姑师，虏楼兰王，酒泉列亭障至玉门矣”[4]。酒泉至玉门的亭障关塞，便是河西长城的第二段。

太初四年（前 101 年）李广利率军远征大宛，“敦煌置酒泉

[1] 《史记》卷一百十《匈奴列传》，第 2906、2924 页。

[2] 班固：《汉书》卷九十六上《西域传上》，中华书局标点本，第 3873 页。

[3] 《史记》卷一百十《匈奴列传》，第 2911 页。

[4] 《汉书》卷六十一《张骞传》，第 2695 页。

都尉，西至盐水，往往有亭”[1]。从敦煌以西的玉门至盐水的长城，就是汉代河西长城的第三段。盐水，亦作盐泽，即今新疆罗布泊。汉长城与秦长城相比，大幅度向西延伸、向北推进，构成了维护国家安全的更可靠的屏障。

南北朝时期，北魏、北齐和北周都曾大力修筑长城。这时的“万里长城”一词，不仅是对秦汉长城横亘于中国北方的真实写照，而且还被用来比喻堪称国家安全保障或坚强柱石的杰出人物。南朝宋元嘉十三年（436 年），“立功前朝，威名甚重”的檀道济，被一向猜忌他的宋文帝刘义隆诛杀。《南史》写道：“道济见收，愤怒气盛，目光如炬，俄尔间引饮一斛。乃脱帻投地，曰：‘乃坏汝万里长城。’魏人闻之，皆曰：‘道济已死，吴子辈不足复惮’。自是频岁南伐，有饮马长江之志。”[2] 吴子，是北朝人对南朝人的蔑称。彼时北魏与刘宋以长江为界南北并峙，刘义隆害死名将檀道济等于自毁“万里长城”，北魏由此减少了对刘宋政权的忌惮，“饮马长江”的雄心壮志陡然而增。在当代北京市所辖各区之内，迄今所见最早的长城便是始于北朝的北齐，这个时期对于北京地区长城的发展具有标志性的意义。

隋朝在致力于实现南北统一的同时，已把修筑长城作为阻滞漠北突厥南下掳掠的重要措施。《隋书》记载：突厥“沙钵

[1] 《史记》卷一百二十三《大宛列传》，第 3179 页。

[2] 李延寿：《南史》卷十五《檀道济传》，中华书局标点本，第 447 页。

略勇而得众，北夷皆归附之。及高祖[1]受禅，待之甚薄，北夷大怨。会营州刺史高宝宁作乱，沙钵略与之合军，攻陷临渝镇。上敕缘边修保障、峻长城以备之，仍命重将出镇幽并”。[2]这次冲突引发的直接反应，就是开皇元年（581年）四月“发稽胡修筑长城，二旬而罢”[3]。稽胡是南匈奴的一个分支，南北朝时迁徙到山西及陕西北部山区与汉人杂处。《隋书·崔仲方传》称同年“令发丁三万，于朔方、灵武筑长城，东至黄河，西拒绥州，南至勃出岭（在今陕西绥德东南），绵亘七百里”，这与隋文帝“发稽胡修筑长城”应是一事。二年（582年），“上复令仲方发丁十五万，于朔方已东缘边险要筑数十城，以遏胡寇”[4]。《隋书·韦冲传》说杨坚登基岁余，便“发南汾州（治今山西吉县）胡千余人北筑长城”[5]，这应当是开皇二年修筑长城的记载。三年（583年）三月“城榆关”，此地在今河北抚宁县榆关镇，也有人认为就是今天的山海关。六年（586年）二月初六，“发丁男十一万修筑长城，二旬而罢”。七年（587年）二月，“发丁男十万余修筑长城，二旬而罢”[6]。到隋炀帝时期，修筑长城

---

[1] 指杨坚。

[2] 魏徵等：《隋书》卷八十四《突厥传》，中华书局标点本，第1865页。

[3] 《隋书》卷一《高祖纪上》，第15页。

[4] 《隋书》卷六十《崔仲方传》，第1448页。

[5] 《隋书》卷四十七《韦冲传》，第1269～1270页。

[6] 《隋书》卷一《高祖纪上》，第23、25页。

的规模更大，动用民力更多。大业三年（607 年）七月“发丁男百余万筑长城，西距榆林，东至紫河（今内蒙古南部、山西西北长城外的浑河），一旬而罢，死者十五六”。四年（608 年）七月再次“发丁男二十余万筑长城，自榆谷（在今青海尖扎县西北黄河南岸）而东”[1]。隋长城大多是利用北魏、北齐、北周长城连缀增建，在今甘肃、陕西、内蒙古、山西境内构筑了一条防御突厥和吐谷浑的军事屏障。

唐朝武德二年（619 年），依附突厥的刘武周攻陷河东大部分地区。李世民在率军抵御的同时，组织修建了阻止其进犯关中的长城。《新唐书·地理志》说：河东道太原府太谷县“东南八十里马岭上有长城，自平城（今和顺县仪城村）至于鲁口（今祁县峪口乡驻地鲁村）三百里。贞观元年废”[2]。这道唐长城从和顺西北的仪城向西南，过榆社县焦红寺、琵琶窑、石会、石源、官上村，再经太谷县东南 22 公里马岭之上的马陵关，又在石会关以北转向西北，到达祁县东南 20 公里处的峪口乡驻地鲁口村一带。《新唐书》的记载显示，此地在唐代叫作“鲁口”。今天的峪口乡与鲁村，分别承袭了当年鲁口以山口和姓氏为名的特征。

贞观年间，唐朝在北方边境逐渐取得战略主动，李靖、李勣

---

[1] 《隋书》卷三《炀帝纪上》，第 70、71 页。

[2] 欧阳修：《新唐书》卷三十九《地理志三》，中华书局标点本，第 1003 页。

等名将数次出兵给突厥以沉重打击，因此也不需要再像秦汉时代那样修筑长城。北宋时期的长城，发现于山西岢岚县青城山至荷叶坪山之间，东西长约38公里；在宁夏固原市原州区，也有北宋时期的长城遗迹。在地势平坦、不易筑墙的草原开挖深广数丈的深沟，挖出的土在沟的一侧堆成墙体，同样能发挥军事防御作用。金代的这种“长城”通称“金界壕”，主要分布在大兴安岭以南的内蒙古草原，小部分在今蒙古与俄罗斯境内。

大明九边雄寰中

疆域辽阔的元朝无须修筑长城，明朝则是古代修筑长城的最后一个高峰期，也是长城建设史上的集大成者。当时把长城称为“边墙”或“边垣”。明初退到漠北的蒙古鞑靼、瓦剌诸部，嗣后屡屡大规模南犯，甚至兵临北京城下，明中叶以后则有女真族政权在东北崛起。为巩固北部边防而修筑长城，几乎伴随着整个明朝的始终。

明洪武年间在西北打通了河西走廊，北部防线曾经推进到大兴安岭、阴山、贺兰山的以西、以北一带，永乐年间却放弃了大宁、东胜等塞外战略要地，转而把军事防线南缩到燕山一线。此后，长城建设的重点放在以北魏、北齐、隋长城为基础，巩固北京西北至山西大同的外边长城以及山海关至居庸关的沿边关隘方面。

▲ 明长城东起点山海关老龙头（徐可欣摄）

明中期在今河北怀来发生的“土木之变”，充分证明了长城防线的关键作用，也全面暴露了明朝军队的虚弱涣散。明后期的边患主要来自东北的女真族（后改满洲），万历年间为此重修了自锦州、三岔河（在今海城西北）至辽阳的辽东边墙。从山海关到嘉峪关绵延万余里的边墙，在这个时期或加固修缮或重新建设，连成直接护卫北京及其以南地区的最后屏障，这就是今人最熟悉的那一条“万里长城”。在不少区域内，长城并非只有一道，而是形成了既有“内边”也有“外边”的层叠分布格局。

从明初洪武年间到明中期嘉靖年间，长城沿线逐渐形成了辽东、蓟州、宣府、大同等九个军事防御重镇，它们分段把守雄伟的万里边墙，合称“九边”。明代有不少著作论及长城各镇的建设过程、地理形势、军事事件等，嘉靖年间魏焕《皇明九边考》通过比较中原农耕民族与北方游牧民族在经济形态和军事活动方面的差异，指出了武力征伐与和亲纳币两种策略的优长和弊端，论证了自先秦至明代之所以选择修筑长城作为御敌方略的必然性。在明代的历史条件和民族观念之下，充分肯定了修筑长城与加强边防的合理性和必要性。他写道：

镇戍莫急于边墙。盖胡人以畜牧为生，骑射为业，侵暴边境，出没无常，大举深入，动至数万。历代以来，屯兵戍守，寡则艰于应敌，多则困于转输，是故虏众易合而势常强，我兵难聚而势常弱。惟其弱也，故有与之和亲、为之纳币而不耻者，其甚至于陷没疆土、臣事犬羊，如五胡乱华、蒙古灭宋，夷狄之祸于斯极矣。若夫英雄之君，愤夷狄之侵凌，竭天下之财力，穷兵远讨，犁庭扫穴，中国强矣。然而内自困敝，甚至亡国，如秦、隋之为，亦非计之得也。是以论者谓御戎无上策，盖谓此耳。《易》曰："地险，山川丘陵也。王公设险，以守其国。"御戎上策，其出此乎？然险而曰设，必因地势之险而用人力以修为之也。又曰以守者，盖守不可以无险，而险不可无兵以守也。[1]

清代满洲自东北入关，因此不存在修筑长城防御北方军事威胁的必要，康熙帝也发布过不修边墙的谕令。但是，长城的关口仍然是军事守卫要地，直至晚清时期曾国藩、李鸿章在山东平定捻军，还曾筑"长墙"守卫运河与其他河道，"筑墙千里，合数省兵力守之"[2]，其作用与长城类似。为保护满洲的发祥地，清朝对东北实行封禁。康熙年间杨宾《柳边纪略》称："今辽东皆插柳为边，高者三四尺，低者一二尺，若中土之竹篱，而掘壕于其外，呼为'柳条边'，又曰'条子边'。"[3] 设置柳条边旨在

[1] 魏焕：《皇明九边考》卷一《镇戍通考·边墙》，《国立北平图书馆善本丛书第一集》影印明嘉靖刻本，第 6 页。

[2] 王定安：《湘军记》卷十六《平捻篇》，岳麓书社 1983 年版，第 261 页。

[3] 杨宾：《柳边纪略》卷一，《龙江三纪》本，黑龙江人民出版社 1985 年版，第 8 页。

限制汉人进入东北，其性质与两国之间的军事防线截然不同，作为一国之内的地理界线与人工障碍的标志意义却与长城近似。当然，柳条边或长墙即使可以笼统地视为长城的同类，但在许多方面显然远远比不上秦汉至明代长城的那些伟大创造。

先秦两汉时期拱卫蓟城（幽州）的长城防御体系在距离城市很远的外围，燕国南北长城以及秦汉长城与今北京地区无关，但穿越长城的不少战事与这座城市密切相连，燕山、太行山的孔道更是兵家必争的要隘。

第二章　秦时明月汉时关

▲ 明长城西止点嘉峪关城楼（简梓文摄）

历史上的长城首先是一道军事防线，它的城墙、关隘、堡寨和敌台见证了刀光剑影与炮火连天的岁月。说到长城，必然离不开在长城内外进行的大小战事。先秦两汉时期拱卫蓟城（幽州）的长城防御体系在距离城市很远的外围，燕国南北长城以及秦汉长城与今北京地区无关，但穿越长城的不少战事与这座城市密切相连，燕山、太行山的孔道更是兵家必争的要隘。因此，认识北京周边的长城不能局限于今天的行政区划系统，至少应当放眼到京津冀地区以及山西等地加以考察。到北齐时期，今天的北京市辖境内开始出现长城。明代在此基础上增修补筑，达到了古代长城发展史的最高峰。伴随着长城的演变进程，各个时期的战事相继沉淀为长城文化的重要内容。

筑城制塞因地形

先秦时期的燕都蓟城是区域性的封国之都，

汉唐时期变为中国北方的军事重镇幽州，此后进入了从辽南京到明清北京的“帝都时代”。不论城市性质怎样变化，都离不开对山河地势的利用或依赖，只是各个阶段面临的政治军事形势有所差别，防卫重点各有不同。东西向的燕山山脉横亘在北京以北，形成了南北往来的天然阻隔。燕山及其以北一线，与我国年降水量 400 毫米的等降水量线基本相符，历史上是北方地区传统的农牧交错带。此线以南是降水量比较丰富的中原汉族聚集区，以种植业为主要经济形态，发展了安土重迁的农耕文明；此线以北是降水量逐渐减少的草原区域，主要活动着以畜牧业为主的少数民族，形成了逐水草而居的游牧文明。自然条件、生产方式、经济生活、民族特性等因素的综合影响，凝聚为杜甫所谓“列国自有疆”的观念[1]，这就意味着各个国家或民族都有约定俗成、相对固定的活动范围以及被人们世代公认的边界。燕山山脉构成了南北之间天然的交通阻隔，也是古人心目中从政治、经济、民族、文化等方面划分“夷汉”区域的地理分界线。绵延于群山之上的秦汉长城，则是古人为这条多重分界线造就的一道人工标志与军事屏障。唐代以前的各朝，都与王昌龄吟咏的“但使龙城飞将在，不教胡马度阴山”相似[2]，大体以守住这条分界线为战略目标。即使是十六国、南北朝时期南下中原争霸的北方少数民族政权，

[1] 杜甫：《前出塞九首》，《全唐诗》卷二百十八，第 2292 页。
[2] 王昌龄：《从军行》，《全唐诗》卷一百四十三，第 1444 页。

也同样需要在长城沿线部署防御力量，只是北齐时代已把长城向南推进了许多。明代的长城在北齐基础上进一步连缀增筑，即使清朝定都北京之后，长城也一直被视为冷兵器时代最重要的军事地理依托。

元末陶宗仪如此概括元大都的地理形势："右拥太行，左注沧海，抚中原，正南面，枕居庸，奠朔方。"[1] 明嘉靖年间张爵对京师山川形胜也有相近的归纳："左环沧海，右拥太行，北枕居庸，南襟河济，诚所谓天府之国也。"[2] 北京地区西北高、东南低，跨越了我国地势三级阶梯中的第二级与第三级。作为中心城市的北京处在华北平原西北隅，背靠高山，面向平原，西面有太行山脉为屏障，山峰多在海拔 1000 ~ 1500 米；北面与东北面横亘着连绵不断的军都山、燕山，山峰多在海拔 800 ~ 1000 米。今北京市辖境的北、东北、西三面被燕山山脉及太行山北段山地环抱，由此向东与东南两面俯视华北平原，地形呈高屋建瓴之势，整体形状与海湾类似，俗称"北京湾"。永定河、潮白河、北运河、大清河、蓟运河五大水系，在地质史上自西北而东南冲积成被北京湾环抱的小平原，海拔多在 50 米以下。河流穿越山岭的谷地隘口，历来是兵家必争之地。山川形胜的军事价值体现在攻

[1] 陶宗仪：《南村辍耕录》卷二十一"宫阙制度"条，中华书局 1959 年版，第 250 页。
[2] 张爵：《京师五城坊巷衚衕集》，北京古籍出版社 1982 年版，第 3 页。

守两端，进攻方无疑要选择便捷可行的路线，以便做到兵贵神速、出其不意。防守方则要充分利用自然地理条件卡住敌方进兵通道，一夫当关、万夫莫开的险关要隘更需确保万无一失，据此阻滞敌人、赢得主动。交通路线与险关要隘相辅相成，直接关系到战争双方的成败利钝。

北京面向平原的东面与东南，除了拒马河、海河一线在辽宋时期做过军事分界之外，其他地方无险可守。南北大运河是北京的经济生命线，但自身的军事价值有限。古代中原政权面临的军事威胁，主要是来自北方少数民族的骑兵，太行山、军都山、燕山山脉及其交界地带一向是防守的重点区域。地势险峻、连绵不断的山岭，原本就是步骑翻越的天然障碍，再加上人工修筑的高耸长城，共同构成了难以逾越的防线。穿越山地的河流沟谷或陆路经行的山谷，则是进攻的最佳通道与防守的关键所在。在华北平原西部边缘，沿着太行山东麓的山前台地，早在商代就已形成了南北往来的交通大道，位置大体与当代的京广铁路北段相近。东西向穿越太行山的八处著名山口，被称为“太行八陉”，与太行山东麓的南北大道次第相通，井陉（今河北井陉）、军都陉（今居庸关关沟）等尤其著名。军都山、燕山山地阻碍着山前山后的交通，山间的峡谷和山口成为南来北往的必经之路。从北京向西北穿过太行山与燕山分界的关沟，可以到达河北坝上地区与内蒙古高原，中间的险关要隘就是居庸关。从北京向北到达燕山以北地区，则要穿行古北口。沿着燕山南麓东去再折向东北抵达辽东，需要穿行有“天下第一关”之称的山海关。明代长城从山海关经古北口、居庸关直至甘肃嘉峪关，构成了国都北京抵御蒙古和满洲入侵的最后一道屏障。

燕国南北立边障

西周初年的燕国都城，在今北京房山区琉璃河镇董家林。当代进行考古发掘后，在那里建立了西周燕都遗址博物馆。大约在西周后期，燕国吞并了北面的蓟国，并把国都迁到了地理条件更加优越的蓟城。经过这番“鸠占鹊巢”的变换，蓟国之都变为燕国之都，此后也就成了燕国的政治中心与军事护卫重点。

战国时期的著名策士苏秦游说燕王，极力夸赞燕国疆域广大、物产丰饶：“东有朝鲜、辽东，北有林胡、楼烦，西有云中、九原，南有呼沱、易水。……南有碣石、雁门之饶，北有枣栗之利。”[1]司马迁曾写道，燕国将领秦开曾在东胡充当人质，归国后率军“袭破走东胡，东胡却千余里”。为巩固战争胜利所得的疆土，也为了防御东胡和匈奴的进攻，“燕亦筑长城，自造阳至襄平，置上谷、渔阳、右北平、辽西、辽东郡以拒胡。当是之时，冠带战国七，

[1] 《战国策》卷二十九《燕一・苏秦将为从》。岳麓书社 1988 年版，第 282 页。

而三国边于匈奴”。[1]在战国七雄中，秦、赵、燕三国的北部边境与匈奴为邻，都修筑了长城以求御敌于国门之外。燕国的北长城西起上谷郡造阳，在今河北赤城县独石口附近，东边的终点襄平在今辽宁省辽阳。考古工作者在河北围场县发现了战国时期的燕国长城，由此向西经过丰宁、赤城，在内蒙古兴和县与赵长城相接；向东经过内蒙古赤峰、奈曼旗、库伦旗，至辽宁阜新、彰武、新民、法库、开原一带，蜿蜒500多公里。秦始皇统一全国后，大将蒙恬将各国的长城连缀起来，“因地形，用制险塞，起临洮，至辽东，延袤万余里”[2]，但这些军事防线远在今北京地区之北。

燕国的南长城在今河北省中部地区，历史文献与考古发掘显示了它的走向。北魏郦道元《水经注》记载：“易水又东届关门城西南，即燕之长城门也。与樊石山水合，水源西出广昌县之樊石山，东流迳覆釜山下，东流注于易水。易水又东历燕之长城，……又东迳武阳城南。”[3]郦道元所记的北易水，现在叫作中易水。广昌县，治今涞源县北。覆釜山，即今徐水县西北25公里的釜山。武阳城，在今易县东南武阳台村。结合河流所经的其他地点判断，燕国的南长城起于今易县西南5公里，从这一带向东到武阳台村之间，集中分布着方城、城角、舍龙城、西斗城、东斗城、西贯

[1] 《史记》卷一百十《匈奴列传》，第2886页。
[2] 《史记》卷八十八《蒙恬列传》，第2565～2566页。
[3] 郦道元：《水经注》卷十一《易水》，上海古籍出版社1990年版，第229～230页。

城等村落，这些地名应是当年燕长城从此经过留下的文化痕迹。清代《嘉庆重修一统志》记载：“长城在安肃县（治今徐水）西北二十五里，战国时燕赵分界处。《水经注》‘易水东流，曲经长城西’即此，今其地名长城口。东接新安西北之三台城，绵延断续，势如冈阜。”[1]1958 年，考古工作者在徐水西北 22 公里的解村发现，“在瀑河上游东岸，残存夯筑土城垣一条，南起石龙山、北至黄山，沿河岸绵延约 10 公里。……内含大都为东周时期的夹砂绳纹陶片和泥质灰陶圈足豆等，同时也曾采集到极少的早期文化遗物，如穿孔残石器、打制石簇等。根据夯土内含遗物，这段古城垣可能筑于战国末年，若从地理位置上看，很可能是燕国南长城的遗存”[2]。对照《水经注》与清代方志关于燕长城遗迹的记载，这个判断准确无误。此外，“又有长城在文安县东南，接大城县界，延袤几百里，相传燕赵分界处”[3]。安新境内与雄县、任丘交界处的赵北口，历来被认定是处在燕南赵北的两国分界之地。将上述各点联系起来可以看出，燕国的南长城西起今易县西南的方城、城角村一带，从太行山麓向东南进入海河平原，过徐水县西北的长城口，再向东南到安新县三台村，向东过赵北口，再向东南到文安县东南进入大城县境内。

[1] 《嘉庆重修一统志》卷十四《保定府三·古迹》，商务印书馆 1934 年版，第 8 页。
[2] 敖承隆：《河北徐水解村发现古遗址和古城垣》，《考古》1965 年第 10 期。
[3] 《嘉庆重修一统志》卷八《顺天府三·古迹》，商务印书馆 1934 年版，第 10 页。

燕国东靠渤海，西面要守住穿越太行山的陉道，南长城用以防御齐、赵、中山等国，北长城防御东胡与匈奴。在构筑这两条防线之前的春秋时期，燕庄公二十七年（前664年），北方强大的部族山戎入侵。“燕告急于齐。齐桓公救燕，遂伐山戎，至于孤竹而还。”[1]《水经注》说：“清夷水又西南得桓公泉。盖齐桓公霸世，北伐山戎，过孤竹西征，束马悬车，上卑耳之西极，故水受斯名也。”[2]孤竹在今河北卢龙县一带，这里有著名的卢龙塞、喜峰口。清夷水即今北京延庆妫河，桓公泉在今河北怀来旧城（已淹没在官厅水库区）东南。卑耳山位于今山西南部的平陆县西北，齐国军队自孤竹进军，只能是通过居庸关或太行山的其他陉道到达此地，这些地方也是后来修筑长城的重要节点。到战国时期，燕国境内的战争首先来自南邻的齐国。燕惠公九年（前536）十二月，“齐侯遂伐北燕”[3]，燕国最终在南部边境求和。燕文公七年（前355年），“齐师及燕师战于泃水，齐师遁”[4]，战场即今北京平谷境内的泃河流域。燕易王初立（前332年），齐宣王趁机夺取燕国十城，后经苏秦游说复归于燕[5]。燕王哙七年（前314年），燕国发生内乱，齐湣王“令章子将五都之兵，

[1]《史记》卷三十二《齐太公世家》，第1488页。

[2]《水经注》卷十三《㶟水》，第272页。

[3]《左传·昭公六年》，《黄侃手批白文十三经》本，第337页。

[4]《水经注》卷十四《鲍丘水》引《竹书纪年》，第283页。

[5]《史记》卷三十四《燕召公世家》，第1554页。

以因北地之众以伐燕。士卒不战，城门不闭，燕君哙死，齐大胜”[1]。与此同时，燕国南邻的中山国也起兵北伐。1974 ~ 1978 年在河北平山县发掘战国时期中山王墓葬，出土了带有长篇铭文的青铜鼎和青铜壶。鼎上的铭文记载，中山国的相邦“亲率三军之众，以征不义之邦。奋枹振铎，辟启封疆，方数百里，列城数十，克敌大邦”[2]，取得了开疆拓土的巨大胜利。青铜壶的铭文显示，铸造鼎与壶的青铜也是从燕国获得的战利品。

燕国后期，燕王喜试图趁赵国遭遇长平大败之机南伐，却招致赵国的强力反击。燕王喜五年（前 250 年），“廉颇逐之五百余里，围其国”[3]。国都蓟城被围后，燕国不得不献出重礼请和。十二年（前 243 年），“赵使李牧攻燕，拔武遂、方城”[4]。武遂即今河北徐水西北 10 余公里遂城，方城即今固安西南 8 公里方城村。武遂处在燕南长城一线的西端，足见这道防线并未发挥多少御敌作用。十九年（前 236 年），“赵攻燕，取貍阳城”[5]。貍阳，应当是“渔阳”的误写，指燕国渔阳郡的治所，其地在今密云统军庄南、怀柔梨园庄东南。赵国军队不仅突破了燕南长城，而且进抵蓟城的背后。燕国末期的主要威胁，来自即将扫平山东

[1] 《史记》卷三十四《燕召公世家》，第 1557 页。

[2] 王彩梅：《燕国简史》，紫禁城出版社 2001 年版，第 69 页引张政烺释文。

[3] 《史记》卷三十四《燕召公世家》，第 1559 页。

[4] 《史记》卷三十四《燕召公世家》，第 1560 页。

[5] 《史记》卷四十三《赵世家》，第 1831 页。

的秦国。秦始皇二十年（前227年），燕太子丹派荆轲行刺失败，王翦、辛胜在易水之西大破燕军，次年即占领燕都蓟城[1]。战争不断的列国时代，最终通过战争走向了全国统一。

秦城汉隘起烽烟

秦汉至隋唐五代时期，北京的前身蓟城（幽州）还不是全国政治中心，它只是拱卫国都的北方军事重镇。秦朝实现全国统一后，蒙恬率军三十万北击匈奴。随后秦将秦、赵、燕长城连接起来，形成了西起临洮（今甘肃岷县）再经内蒙古高原、直至辽东及朝鲜半岛的万里长城。今北京市所辖地域，大体相当于秦代的广阳、渔阳、上谷三郡以及右北平郡的西南一隅。秦长城就是上谷、渔阳、右北平三郡的北界，虽然它们分别在今河北、内蒙古、辽宁境内，但因为蓟城（幽州）是这些边郡军事防线以南的一个重要支点，长城内外的战争往往与它具有一定关联。秦朝长城沿线的战事主要发生在我国西部地区，西汉于幽州设刺史部，管辖北起外长城、南至海河平原，西自太行山东麓、东至朝鲜半岛北部的广阔地域。上谷、渔阳、右北平及其西面的代郡、东面的辽西郡一线，处在依靠长城抵御匈奴与东胡的军事前沿。两汉至魏

[1] 《史记》卷六《秦始皇本纪》，第233页。

晋时期活跃在长城以北的乌桓、鲜卑，是东胡部落联盟的组成部分。各方军队频繁出入关塞，与长城有关的军事活动明显增多。

西汉初年楚汉相争之际，项羽立臧荼为燕王，以蓟城为封国之都。汉高帝五年（前 202 年），刘邦带兵俘获了反汉的臧荼，封卢绾为燕王。但是，十二年（前 195 年）卢绾又反，周勃带兵平叛，攻下蓟城。卢绾率部下近万人投降长城外的匈奴，此后又多次引匈奴入塞侵扰上谷以东地区。这样，在幽州一线防御匈奴成为汉朝的军事要务。景帝中元二年（前 148 年）二月，匈奴入塞攻入燕地。武帝元光六年（前 129 年）春，“匈奴入上谷，杀略吏民”。汉朝因此派出大军反击，“遣车骑将军卫青出上谷，骑将军公孙敖出代，轻车将军公孙贺出云中，骁骑将军李广出雁门”[1]。匈奴越过秦长城南下侵略，西汉抗击匈奴也多从上谷、代郡、云中、雁门出兵，再越过诸郡北界的长城击敌。元光六年秋，韩安国屯兵渔阳。次年即元朔元年（前 128 年）秋，匈奴“入渔阳、雁门，败都尉，杀掠三千余人”。元朔二年正月，“匈奴入上谷、渔阳，杀略吏民千余人”[2]。王莽始建国二年（10 年），派遣多路大军北击匈奴，其中之一是“讨濊将军严尤出渔阳”[3]。

两汉交替之际，幽州地区成为重要战场。东汉建武二年（26

[1] 《汉书》卷六《武帝纪》，第 165 页。
[2] 《汉书》卷六《武帝纪》，第 169 页。
[3] 《汉书》卷九十九中《王莽传中》，第 4121 页。

年）二月，渔阳太守彭宠起兵反抗刘秀，次年二月他在涿郡太守张丰协助下攻拔蓟城，自立为燕王。在此期间，匈奴成为他们的后援。四年（28 年），汉将朱祐、耿弇、祭遵和刘喜在涿郡击杀张丰。彭宠引兵数万与其弟彭纯率领从匈奴借来的二千余骑兵，分两路进攻屯兵良乡、阳乡（治今河北涿州东 25 公里长安城）的祭遵与刘喜。匈奴军队经过军都县（治今北京昌平西南 8 公里土城村）时，被上谷太守耿况之子耿舒击败[1]。尽管如此，塞外的匈奴骑兵毕竟相当强悍，东汉前期虽曾多次出塞击敌，却也不得不把数万边境居民内迁以避其兵锋。十五年（39 年），“匈奴寇钞日盛，州郡不能禁。二月，遣吴汉率马成、马武等北击匈奴，徙雁门、代郡、上谷吏民六万余口置居庸、常山关以东，以避胡寇。匈奴左部遂复转居塞内，朝廷患之，增缘边兵，部数千人”[2]。汉朝在出兵反击的同时，把幽州的上谷、代郡以及并州的雁门等边郡人口迁到居庸关以东。秦长城以南空出的地方随即被匈奴占据，尽管东汉朝廷被迫为每个刺史部增加数千兵员，但对匈奴也只能采取守势。永元元年（89 年），窦宪率军出塞大败北匈奴，随行的班固在燕然山（今蒙古杭爱山）南麓刻石纪功，留下了著名的《封燕然山铭》。

[1] 范晔：《后汉书》卷十九《耿弇传》，中华书局 1997 年缩印本，第 708 页。
[2] 司马光：《资治通鉴》卷四十三，汉光武帝建武十五年二月，中华书局 1956 年标点本，第 1385 页。

匈奴衰落后，属于东胡部落联盟一支的鲜卑随之崛起，变为东汉中后期北方边郡的劲敌。永元十三年（101年）、延平元年（106年）、永建三年（128年）和四年（129年），鲜卑曾多次入寇渔阳。元初元年（118年）五月，建光元年（121年）八月，鲜卑又两次进攻居庸关[1]。通过居庸关或右北平深入渔阳郡，是他们主要的进兵路线。到汉末灵帝时期，鲜卑几乎每年都会入塞进犯。建宁元年（168年）十二月，“鲜卑及濊貊寇幽、并二州”。《后汉书》的此类记载，亦见于熹平二年（173年）十二月、四年五月、五年、六年四月，光和二年（179年）十二月、三年闰八月、四年十月，中平三年（186年）十二月等年月[2]，已经到了史不绝书的程度。

乌桓亦称乌丸，和鲜卑同属东胡部落联盟的一支，活动地域处在鲜卑与汉朝之间。东汉光武帝时与乌桓修好，将其安置在塞外或内迁缘边诸郡以抵挡鲜卑。出自辽西、辽东、右北平三郡的“乌桓突骑”天下闻名，常常作为先头部队为东汉冲锋陷阵。东汉中后期国力衰落、战乱频仍，永初三年（109年）六月“乌桓寇代郡、上谷、涿郡”[3]，此后与汉朝的关系一直叛附无常。中平五年（188年）乌桓反叛，“与贼张纯等攻击蓟中，……复

[1] 参见《后汉书》卷五《安帝纪》等本纪。
[2] 《后汉书》卷八《灵帝纪》，第329 ~ 353页。
[3] 《后汉书》卷五《安帝纪》，第213页。

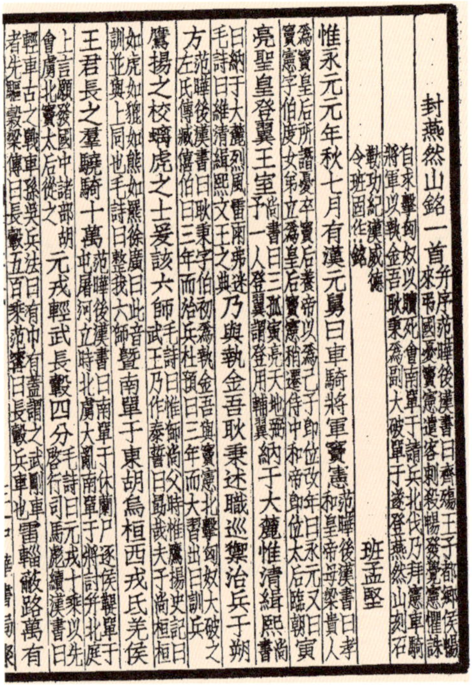
封燕然山銘一首并序 范曄後漢書曰齊殤王子都鄉侯暢來弔國憂竇憲遣客刺殺暢發覺憲懼誅自求擊匈奴以贖死會南單于請兵北伐乃拜憲車騎將軍以執金吾耿秉爲副大破單于遂登燕然山刻石勒功紀漢威德令班固作銘

班孟堅

惟永元元年秋七月有漢元舅曰車騎將軍竇憲 范曄後漢書曰孝和皇帝母梁貴人爲竇皇后所譖憂卒竇后養帝以爲己子即位改年曰永元又曰竇憲字伯度女弟立爲皇后竇憲稍遷侍中和帝即位太后臨朝 寅亮聖皇登翼王室 尚書曰三孤寅亮天地弼予一人登翼謂登用輔翼 納于大麓惟清緝熙 尚書曰納于大麓烈風雷雨弗迷毛詩曰維清緝熙文王之典 乃與執金吾耿秉述職巡禦治兵于朔方 范曄後漢書曰耿秉字伯初爲執金吾與竇憲北擊匈奴大破之左氏傳臧僖伯曰三年而治兵杜預曰三年而大習出曰訓兵 鷹揚之校螭虎之士爰該六師 毛詩曰惟師尚父時惟鷹揚史記曰武王乃作泰誓曰勗哉夫子尚桓桓如虎如貔如熊如羆徐廣曰此音訓並與上同也毛詩曰整我六師 暨南單于東胡烏桓西戎氐羌侯王君長之羣驍騎十萬 范曄後漢書曰南單于休蘭尸逐侯鞮單于屯屠河立時北虜大亂南單于將討并北庭上言願發國中諸部胡會虜北竇太后從之 元戎輕武長轂四分 毛詩曰元戎十乘以先啓行司馬彪續漢書曰輕車古之戰車孫吳兵法曰有巾有蓋謂之武剛車者先驅穀梁傳曰長轂五百乘范寧曰長轂兵車也 雷輜蔽路萬有

▲ 班固《封燕然山铭》（四部备要本《文选》卷五十六）

与畔胡丘力居等寇渔阳、河间、渤海，入平原，多所杀略”[1]，从长城沿线攻到河北平原中南部。初平四年（193 年），统兵幽州的都亭侯公孙瓒在蓟城东南击败幽州牧刘虞，随后又将逃向居庸关的刘虞擒杀。兴平二年（195 年），刘虞部将鲜于辅等率幽州兵报仇，推举阎柔为乌桓司马，招诱数万胡汉人马，在潞水之北大败公孙瓒属下的渔阳太守邹丹。刘虞生前主张对北方少数民族采取安抚政策，乌桓峭王一直感念他的恩德与信任，于是率领所有部下以及从鲜卑借来的七千余骑，与鲜于辅一起迎接刘虞之子刘和，再与袁绍部将麴义合兵十万，在渔阳郡鲍丘河畔击败公孙瓒，斩首二万余人，收复了广阳、上谷、右北平等郡[2]。建安十年（205 年）四月，三郡乌丸进攻驻扎犷平（今密云东北石匣一带）的鲜于辅，曹操八月率军渡潞水救援，乌丸奔走出塞。十二年（207 年），曹操引军出卢龙塞（今河北迁西县喜峰口）北征乌丸，这场战争胜利后稳定了北方的局势[3]。活跃于长城内外的乌桓和鲜卑，在秦汉时期是北方的重要势力，他们的后裔在北朝时期更是影响了国家的政治军事格局，长城的修筑也在这个时期发生了巨大变化。

[1]　《后汉书》卷七十三《公孙瓒传》，第 2358 页。

[2]　《后汉书》卷七十三《公孙瓒传》，第 2363 页。

[3]　《资治通鉴》卷六十五，汉献帝建安十二年八月，第 2072 页。

东晋十六国至南北朝的社会动荡与战乱分裂，促使许多历时短暂的北方政权投入巨大力量修筑长城，北齐长城便是其中之一，并且为后来的隋长城和明代长城奠定了基础。

第三章　北齐长城护蓟门

▲ 长城远眺（臧未盈摄）

当代北京市的辖境，是近百年来尤其是1949年以后行政区划不断调整的结果。北京的长城文化发掘与长城文化带建设，在放眼周边区域长城发展变迁的同时，研究现有政区所辖范围内的长城遗迹及其历史文化无疑更具有直接意义。在今北京市各区之内，历史上最早的长城出自北齐时代。东晋十六国至南北朝的社会动荡与战乱分裂，促使许多历时短暂的北方政权投入巨大力量修筑长城，北齐长城便是其中之一，并且为后来的隋长城和明代长城奠定了基础。

风吹戍火连云高

魏晋时期的北方少数民族政权与中原王朝时战时和，待到鲜卑、匈奴、氐、羯、羌等诸族纷纷南进的“五胡十六国”阶段，他们与汉族建立的短暂朝廷像走马灯一样忽明忽灭，直至鲜卑拓跋部建立的北魏统一北方。其后，北魏分裂为东魏和西魏，二者又分别被北齐和北周取代，最终北齐归于北周，北方再度实现基本统一。在这个大分裂、大动荡的年代，来自北方的少数民族穿越秦汉长城南下进兵，一旦不能在中原立足，则又会从南向北经过长城回到塞外的发祥之地。占据中原的政权不论其创建者是汉族还是北方少数民族，都必须防御北面其他部族的进攻，因此屡有修筑长城以阻隔骑兵奔袭之举。越是处在战乱频发、社会动荡的年代，越能凸显交通要道与雄关险隘作为兵家必争之地的巨大作用。除了两个朝代交替之际的战争以外，在政治、经济等方面或许往往被人们忽视的时期，如五胡十六国、五代十国等，恰恰是军事家大展雄才的年代。战争锻炼和检验了将领的智慧，而险关要路在后世与长城结合起来，显示了更大的军事价值。

东晋十六国至北朝时期，幽州地区不同民族政权之间战事迭起。东晋咸和四年（329 年），后赵的石虎发兵七万，袭击占据蓟城的辽西鲜卑段辽。咸康三年（338 年）三月，幽州等地尽归石虎，战争向北推进到燕山一线。“辽惧，弃令支，奔于密云山。……季龙遣将军郭太、麻秋等轻骑二万追辽，及之，战于密云，获其母妻，斩级三千。”段辽放弃的令支，治今河北迁安县西，位于喜峰口附近。他向西北山区逃窜，惨败于密云山，十二月遣使向后赵请降，石虎便派了麻秋率三万军队迎接。段辽却又降于同属鲜卑族的前燕慕容皝，慕容皝遣子慕容恪“伏精骑七千于密云山，大败麻秋于三藏口，死者什六七”[1]。密云山，就是今河北丰宁县南 12 公里处的云雾山，北魏设置的密云郡和密云县均据此命名。东魏时因战乱所迫，密云郡和密云县寄治于长城以南，密云山等几处重要山水也被后人从塞外附会到今北京密云一带。三藏口，在今河北承德市正北的高寺台附近。武烈河的三条上源合称三藏水，东源（东藏水，今玉带河）、北源（中藏水，今茅沟河）、西源（西藏水，今鹦鹉河）在此汇合，山间河谷历来是理想的设伏之地。

东晋咸康六年（340 年），慕容皝计划从东北的龙城（今辽宁朝阳）出兵，进攻石虎占据的蓟城等地。他对诸将说：“石季龙自以安乐诸城守防严重，城之南北必不设备。今若诡路出其不意，冀之北土尽可破也。”石虎字季龙，唐人为李渊之父李虎避讳，修史时只称其字。安乐，在今河北乐亭县东北 10 公里处。慕容皝制定了从近路隐蔽突袭的策略，“于是率骑二万出蠮螉塞，长驱至于蓟城，进渡武遂津，入于高阳。所过焚烧积聚，掠徙幽、冀三万余户”[2]。在这次行动中，穿越蠮螉塞是慕容皝取胜的关键。清初《读史方舆纪要》推断“蠮螉”可能是“居庸”的音转[3]，

[1] 房玄龄等：《晋书》卷一百六《石季龙载记上》，中华书局 1997 年缩印本，第 2767 ～ 2769 页。

[2] 《晋书》卷一百九《慕容皝载记》，第 2821 页。

[3] 顾祖禹：《读史方舆纪要》卷十，中华书局 1955 年版，第 462 页。

乾隆《热河志》与《日下旧闻考》进一步认定就是居庸关。不过，光绪年间麻兆庆考证，“蠮螉塞为今喜峰口非居庸关”[1]，因为南朝顾野王《玉篇》记载“蠮螉”指细腰蜂，“喜峰”则是“细蜂”的近音异写。

战场的地理环境与军事形势，更能证明麻兆庆的结论。慕容皝自辽东向海河平原进兵，靠近渤海西岸的安乐城等平坦地区防守严密，但蓟城南北却比较空虚，只要抄近路悄悄进至蓟城北面即可成功。这样，沿着大凌河、瀑河谷地直插喜峰口，既可避开东边安乐城一带的防守，出山后又能在接近蓟城的平原上发挥骑兵快速进攻的优势。如果绕道蓟城西北的居庸关，需要经行的山路更加遥远而且难于跋涉，这显然不是能够做到兵贵神速、出其不意的“诡路”。居庸关早在先秦时期就是天下著名的九塞之一，其险要程度与历代防备都要胜过喜峰口。因此，慕容皝奇袭蓟城的“诡路”蠮螉塞，只能指的是今河北迁西县北界的喜峰口。《资治通鉴》胡三省注“自龙城取西道入蠮螉塞”[2]，也表明慕容皝舍弃了辽东湾及渤海湾西岸的平原通道，选择了西边更为隐蔽的山间谷地进兵蓟城。

东晋永和六年（350年）二月，“蠮螉塞”再次成为战争中的进兵路线。《晋书》记载，前燕慕容儁“率三军南伐，出自卢

[1] 麻兆庆：《昌平外志》卷二《地理纰缪考》，清光绪二十一年刻本，第16页。
[2] 《资治通鉴》卷九十六，晋成帝咸康六年十月胡三省注，第3039页。

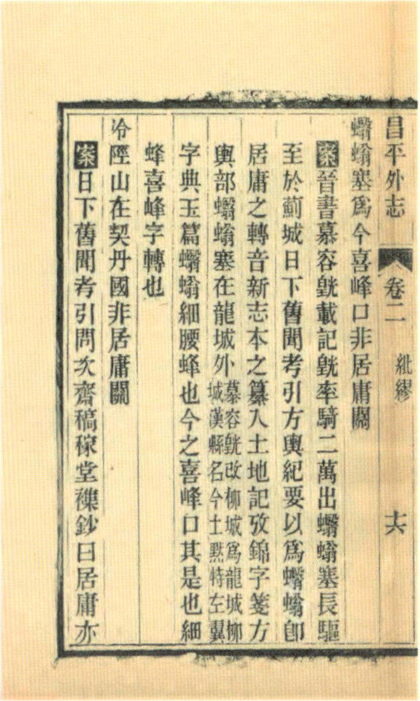

昌平外志　卷二　紕繆　十六

蠮螉塞為今喜峰口非居庸關

案晉書慕容皝載記皝率騎二萬出蠮螉塞長驅至於薊城日下舊聞考引方輿紀要以為蠮螉即居庸之轉音新志本之纂入土地記攷錦字箋方輿部蠮螉塞在龍城外慕容皝改柳城為龍城柳城漢縣名今土默特左翼字典玉篇蠮螉細腰蜂也今之喜峰口其是也細蜂喜峰字轉也

泠陘山在契丹國非居庸關

案日下舊聞考引問次齋稿稼堂襍鈔曰居庸亦

▲ 清光绪刻本麻兆庆《昌平外志》

龙，次于无终”[1]。《资治通鉴》描述得更加具体：“燕王儁使慕容霸将兵二万自东道出徒河，慕舆于自西道出蠮螉塞，儁自中道出卢龙塞以伐赵。”[2]卢龙塞一般指喜峰口一带的若干关塞，麻兆庆认定的蠮螉塞（即喜峰口）是其中之一。《水经注》说：“濡水又东南迳卢龙塞。塞道自无终县东出，渡濡水，向林兰陉，东至青陉。”[3]濡水，今称滦河。林兰陉，即今喜峰口。青陉，指喜峰口东约15公里处的青山口。《中国历史地图集》中北魏幽州、平州幅，将“卢龙塞”标注为东西向的条带状，视为今潘家口、喜峰口、铁门关、董家口、青山口一线众多关口的统称，更接近历史与地理的实际。正如《晋书》所示，慕容儁的军队是经过卢龙塞中的两条通道（蠮螉塞是其中之一）向南，以求集中兵力迅速出击，所以绝无分出一路舍近求远绕道居庸关之理。东晋太元十年（385年），后燕慕容垂“遣慕容农出蠮螉塞，历凡城，趣龙城，会兵讨余严”[4]。凡城，在今河北平泉县南。龙城，即今辽宁朝阳。慕容农的北上路线，正与当年慕容䴥、慕容儁南下的路线相同但方向相反。这条进兵路线上的凡城、龙城的所在方位也再次证明，蠮螉塞所指是喜峰口而不是居庸关。

[1] 《晋书》卷一百一十《慕容儁载记》，第2832页。
[2] 《资治通鉴》卷九十八，晋穆帝永和六年二月，第3102～3103页。
[3] 《水经注》卷十四《濡水》，第288页。
[4] 《资治通鉴》卷一百六，晋孝武帝太元十年八月，第3349页。

北朝时期的多个政权彼此频繁攻伐，对重要关口和军事据点展开了激烈争夺。北魏皇始元年（396 年）八月，鲜卑族的开国皇帝拓跋珪率步骑四十余万征讨后燕，自平城（今山西大同）向南夺取并州，“左将军雁门（治今山西代县）李栗将五万骑为前驱，别遣将军封真等从东道出军都，袭燕幽州”[1]。这里的“东道出军都”，即沿着平城东南的桑干河谷，从军都关（居庸关）进入幽州西北，包围蓟城。次年三月，后燕慕容宝从中山（今河北定州）退至蓟城，尽徙府库向北逃回龙城。魏兵在夏谦泽（今河北大厂西北 8 公里夏店附近）追上后燕人马，却被后燕的清河王慕容会杀败[2]。后燕君臣北撤的路线，仍然是从蓟城向东，经潞县（今北京通州东）、无终（今天津蓟州区）、徐无（今河北遵化东），再向东北穿越卢龙塞的古道而去。

秦长城与北魏的北界相近，但远不足以据此防御北面的柔然。泰常八年（423 年）正月柔然犯塞，北魏二月初一开始动用了大量军民，“筑长城于长川之南。起自赤城，西至五原，延袤二千余里，备置戍卫”[3]。长川是北魏先世的活动区域之一，位于今内蒙古兴和县东北至河北沽源一带。这道长城东起今河北赤城，西至阴山南麓的内蒙古乌拉特前旗境内。六年之后的太武帝神䴥

[1] 《资治通鉴》卷一百八，晋孝武帝太元二十一年八月，第 3430 页。

[2] 《资治通鉴》卷一百九，晋安帝隆安元年三月，第 3446 页。

[3] 魏收：《魏书》卷三《太宗纪》，中华书局 1997 年缩印本，第 63 页。

二年（429年），在这道长城以北、阴山以南，设置怀荒（治今河北张北县）、柔玄（治今内蒙古兴和县西北）等六镇以拱卫国都。太平真君七年（446年）六月，北魏再次大修长城，“发司、幽、定、冀四州十万人筑畿上塞围，起上谷，西至于河，广袤皆千里”[1]。根据语义推测，“畿上塞围”应是在京畿地区修筑的保卫国都平城的长城。关于这道长城的位置和走向，或认为处在平城以南，即从今居庸关向南至山西灵丘，再向西过平型关、偏关，抵达黄河岸边的河曲县，相当于今大同以南的内长城；或认为应在平城之北，以此防御北面的柔然，走向与外长城大致相同。孝昌元年（525年）八月，柔玄镇高车族人杜洛周在上谷郡聚众反抗北魏的统治。幽州刺史常景同幽州都督元谭“自卢龙塞至军都关，皆置兵守险。谭屯居庸关”[2]。这条防线守护着幽州城的西、北两侧，依托燕山、军都山一线的险要地形和隘口建立起来，却也未能有效阻止杜洛周南下抄掠蓟城[3]。

长驱却胡筑围屏

北齐的北面是突厥，东北与契丹为邻。天保四年（553年）

[1] 《魏书》卷四下《世祖纪下》，第101页。

[2] 《资治通鉴》卷一百五十，梁武帝普通六年八月，第4706页。

[3] 《资治通鉴》卷一百五十一，梁武帝普通七年四月，第4712页。

九月契丹进犯北部边塞，高洋北巡冀、定、幽、安诸州，率领大军反击契丹。《北齐书·文宣帝纪》记载了这次进兵的过程：

冬十月丁酉，帝至平州，遂从西道趣长堑。诏司徒潘相乐率精骑五千，自东道趣青山。辛丑，至白狼城。壬寅，经昌黎城。复诏安德王韩轨率精骑四千东趣，断契丹走路。癸卯，至阳师水，倍道兼行，掩袭契丹。甲辰，帝亲逾山岭，为士卒先，指麾奋击，大破之，虏获十万余口、杂畜数十万头。乐又于青山大破契丹别部，所虏生口皆分置诸州。是行也，帝露头袒膊，昼夜不息，行千余里，唯食肉饮水，壮气弥厉。丁未，至营州。丁巳，登碣石山，临沧海。十一月己未，帝自平州，遂如晋阳。[1]

高洋十月初八抵达平州，州治肥如城，在今河北卢龙县北 25 公里沈庄附近。大军行经的长堑，就是卢龙塞。双方此后都在今辽宁境内征战：青山，在今义县东；白狼城，在今喀喇沁左翼蒙古族自治县西南黄道营子；昌黎城，在今朝阳；阳师水，即今朝阳东北的大凌河；营州，亦指今朝阳。回师途中所登的碣石山，在今河北昌黎县北。十一月初一自平州出发回到晋阳，即今山西太原西南。高洋率军出兵讨伐契丹的过程，相当于对北部关塞的

[1] 李百药：《北齐书》卷四《文宣帝纪》，中华书局 1997 年缩印本，第 57 页。

地理形势和军事价值做了一次全面考察，可以视为两年后北齐修筑长城的前奏。

在北京地区的长城发展史上，北齐时期修建的长城具有标志性的意义。北京市各区迄今发现的长城遗迹，以北齐长城的年代最早。天保六年（555年）“发夫一百八十万人筑长城，自幽州北夏口至恒州九百余里”；次年十一月之前“自西河总秦戍筑长城，东至于海，前后所筑东西凡三千余里。率十里一戍，其要害置州镇，凡二十五所”[1]。幽州北夏口即今北京昌平南口，恒州即今山西大同，西河总秦戍在大同西北。这两处关于修筑长城的记载，是同一项庞大工程的开始与结束。幽州北夏口至恒州的长城在天保六年完成后，接着继续向东西两端（主要是东端）延伸，最终形成从大同西北绵延至渤海西岸的宏伟格局。这道长城大致为自今山海关一带向东经过喜峰口、古北口、独石口，再与山西北部的北魏旧长城相接，是历史上在今北京地区大规模修筑长城的开端，而且为明代长城奠定了直接基础。

北齐修筑了幽州北面的长城之后，突厥仍然不时入寇。河清三年（564年）九月“突厥寇幽州，入长城，虏掠而还”，次月二十日又有“突厥寇幽州”[2]。为抵御突厥入侵，第二年即天统元年（565年），幽州刺史斛律羡再度整修长城。“自库堆戍东

[1] 《北齐书》卷四《文宣帝纪》，第61～63页。
[2] 《北齐书》卷七《武成帝纪》，第93页。

▲ 昌平北西岭南侧古长城遗址（岳升阳摄）

▲ 门头沟大村北齐长城遗址瓦砾（岳升阳摄）

▲ 门头沟大村西山北齐长城遗址（岳升阳摄）

▲ 昌平北西岭城堡遗址指捏纹瓦的凸面（岳升阳摄）

拒于海，随山屈曲二千余里。其间二百里中凡有险要，或斩山筑城，或断谷起障，并置立戍逻五十余所。”[1]根据北齐此前修筑长城的路线来看，斛律羡应当是以对天保年间长城的加固修缮为主。这里的库堆戍，所指地点不详。从天保年间长城自总秦戍东至于海三千余里来推测，斛律羡修缮的自库堆戍东距于海两千余里的长城，应是前者偏东的三分之二段落。这样，库堆戍可能在今河北张家口一带。当代考古学者在北京昌平、门头沟、延庆、怀柔、密云、平谷的山岭上，发现了许多倾圮严重、墙体低矮的北朝石垒城垣与城堡。昌平区的流村、高崖口、老峪沟至门头沟区的大村一带，有长约30公里的北齐长城遗址，那里至今保存着高1.5米、宽2米的墙基，还有敌台、烽火台的石瓦砾。

另外，根据北宋出使契丹的王曾、沈括，以及清初学者顾炎武、顾祖禹的记载，在温榆河南岸，通州城西、城南一直延伸到天津武清西南，北齐在平原地区还修筑了土质长城。由于历史上的洪水冲刷和泥沙淤积，土长城的遗迹早已很难寻觅。

北齐在承光元年（577年）亡于北周，范阳王高绍义逃到突厥，营州刺史高宝宁据守和龙（今辽宁朝阳）。北周宣政元年（578年）四月，“突厥入寇幽州，杀掠吏民”[2]。闰六月，出身于北朝世家大族范阳卢氏的卢昌期，在范阳（今河北涿州）起兵反抗北周。

[1] 《北齐书》卷十七《斛律羡传》，第227页。

[2] 令狐德棻：《周书》卷六《武帝纪下》，中华书局1997年缩印本，第106页。

高绍义率领突厥兵，准备入塞协助卢昌期袭击蓟城。北周军队在宇文神举率领下“克范阳，擒昌期。绍义闻之，素衣举哀，还入突厥”。塞外的高宝宁“率夷、夏数万骑救范阳。至潞水，闻昌期死。还，据和龙”[1]。北周时期整修过北齐长城，此后的隋朝实现了全国统一，在长城建设方面也有大手笔的行动。

[1] 《资治通鉴》卷一百七十三，陈宣帝太建十年闰六月，第5389页。

白天点烽烟，晚上举火炬，烽火一起就预示着战争来临。各朝对长城沿线重要关口的维护非常重视，进出关塞的战争在改朝换代之际尤其频繁，这也是长城历史文化的重要组成部分。

第四章　凛凛兵气罩长城

▲ 长城烽火台（吴文涛摄）

长城除了作为战争依托的工事之外，另一个重大作用是以烽火报警，使沿线友军周知敌情，提醒关内州县早做准备。“唐法，凡边城堠望，每三十里置一烽，须在山岭高峻处。若有山冈隔绝、地形不便，则不限一数，要在烽烽相望。若邻边界，则烽火外周筑城障。”[1]白天点烽烟，晚上举火炬，烽火一起就预示着战争来临。隋朝有几次较大规模的筑城行动，唐、五代、辽、宋、金直至元代则不再为此兴师动众，有些朝代甚至无须以长城作为御敌的防线。尽管如此，各朝对长城沿线重要关口的维护仍然非常重视，进出关塞的战争在改朝换代之际尤其频繁，这也是长城历史文化的重要组成部分。

[1] 曾公亮：《武经总要》前集卷五《烽火》，《中国兵书集成》影印本，解放军出版社、辽沈书社 1987 年版，第 205 页。

隋唐鼙鼓惊幽燕

隋代涿郡治今北京，长城以北是东突厥，东北濡水（今滦河）流域的奚族与涿郡、渔阳（治今天津蓟州区）、安乐（治今北京密云燕乐）三郡相邻，奚人的东北是更为强悍的契丹。开皇初年，突厥屡次寇边，燕、蓟等地深受其害。隋文帝任命周摇为幽州总管，统辖六州五十镇诸军事。“摇修鄣塞，谨斥候，边民以安。”[1]在北魏、北齐、北周长城的基础上，隋朝曾数次整修长城，经过文帝开皇元年（581 年）、二年、三年、六年、七年以及炀帝大业三年（607 年）、四年数次规模不等的修筑，在北部边界建立了一条防御突厥和契丹的军事屏障。大业四年（608 年）三月，炀帝“车驾幸五原，因出塞巡长城”。此次劳师动众的轻率举动，既是对上一年“发丁男百余万筑长城，西距榆林，东至紫河”的亲自检视，也有考察沿边军备是否充分之意，更有向塞外突厥等族炫耀强盛国力之心。同年七月，再次“发丁男二十余万筑长城，自榆谷而东”。大概是亲眼看到了数十万人劳作的艰难，九月“诏免长城役者一年租赋”[2]，这类针对长城修筑者的减赋政策并不多见。

---

[1] 《隋书》卷五十五《周摇传》，第 1376 页。

[2] 《隋书》卷三《炀帝纪上》，第 70、71 页。

隋代“突厥犯塞”或“突厥寇边”的记载，大多发生在幽州西北相距较远的地区。最严重的一次是在大业十一年（615 年）八月，隋炀帝“巡北塞”期间被突厥围困在雁门，此地即今山西代县。《隋书》记述说：“戊辰，突厥始毕可汗率骑数十万，谋袭乘舆，义成公主遣使告变。壬申，车驾驰幸雁门。癸酉，突厥围城，官军频战不利。上大惧，欲率精骑溃围而出，民部尚书樊子盖固谏，乃止。齐王暕以后军保于崞县。甲申，诏天下诸郡募兵，于是守令各来赴难。九月甲辰，突厥解围而去。”[1] 八月初八，突厥数十万骑兵密谋袭击隋炀帝，此前远嫁突厥和亲的宗室女义成公主，闻讯后派人向隋朝报信，可能未及时送达。炀帝十二日到达雁门，十三日就被突厥包围，惊慌失措之下打算突围溃逃，被臣下极力劝阻。僵持至二十四日，终于颁诏号令各地募兵救驾。直到九月十五日，突厥接到义成公主谎报的“北边有急”的消息才撤军。狂妄自大与行为轻率使隋炀帝身履险境，这个事件也证明，再坚固的长城都需要得力的兵将戍守。

国力强盛、疆域广大的唐朝，总体上无须仰仗长城作为军事屏障，但也有少量的建设或沿用。北方的突厥、契丹、奚等部族，在很长时期成为唐朝的劲敌或反唐者的外援，幽州地区就处在战争前线。《资治通鉴》记载，唐武德六年（623 年）五月，“高

[1] 《隋书》卷四《炀帝纪下》，第 89 页。

开道引奚骑寇幽州，长史王诜击破之”。粟末靺鞨部族首领突地稽及其所部，归附唐朝后被安置在幽州昌平城，“高开道引突厥寇幽州，突地稽将兵邀击，破之”。八月，“高开道以奚侵幽州，州兵击却之”。九月，先有“突厥寇幽州”，继而又有“高开道引突厥二万骑寇幽州”[1]。在这期间，山西马邑、朔州一带的战事更频繁。八年（625年）九月，右领军将军王君廓“破突厥于幽州，俘斩二千余人”[2]。此后，幽州围绕长城内外的战事渐少。

武后神功元年（697年）三月，清边道总管王孝杰等人率兵十七万，与契丹大贺氏部落联盟首领孙万荣战于东硖石谷（在今河北迁安东北）。唐兵大败，王孝杰坠崖死。屯扎在渔阳（今天津蓟州区）的武攸宜不敢进兵，“契丹乘胜寇幽州，攻陷城邑，剽掠吏民”[3]。圣历元年（698年）八月，突厥默啜可汗寇妫州（治今河北涿鹿西南石灰窑）、檀州（治今北京密云）等地[4]。景云元年（710年）十二月，“奚、霫犯塞，掠渔阳、雍奴，出卢龙塞而去”[5]。先天元年（712年）十一月，“奚、契丹二万骑寇渔

[1] 《资治通鉴》卷一百九十，唐高祖武德六年五月、八月、九月，第5968～5972页。

[2] 《资治通鉴》卷一百九十一，唐高祖武德八年九月，第5998页。

[3] 《资治通鉴》卷二百六，唐则天后神功元年三月，第6514、6515页。

[4] 《资治通鉴》卷二百六，唐则天后圣历元年八月，第6531页。

[5] 《资治通鉴》卷二百一十，唐睿宗景云元年十二月，第6659页。

阳。幽州都督宋璟闭城不出，虏大掠而去”[1]。天宝十四载（755年）安禄山起兵反唐，幽州成为叛军的大后方。唐代后期，割据一方的藩镇围绕幽州展开争夺，再加上奚、契丹的进犯，使这里战乱不已。乾宁元年（894年）十二月，李克用自太原起兵，在居庸关外击溃幽州节度使李匡筹，占领幽州。唐朝过后，幽州进入了五代混战与契丹掳掠相互交织的阶段。

五代辽宋战犹酣

统一的隋唐结束之后，幽州成为五代、北宋与辽（契丹）剧烈争夺的军事重镇。后晋石敬瑭把幽、蓟等十六州割让给契丹，后周、北宋相继北伐试图收复失地。辽朝末年，宋、金南北夹攻，联合灭辽，不久又有金灭北宋。金朝迁都燕京，后来亡于北方的蒙古铁骑。元朝完成了国家统一，内部却爆发了“两都之战”。这些在中国古代军事史上留下记录的战争，有很多是在长城一线展开或涉及长城的某些重要关口。

唐末幽州节度使刘仁恭割据一方，但刘氏父子兄弟之间离心离德。后梁开平元年（907年）四月，亳州刺史李思安率军三万直抵幽州城下。刘仁恭之子刘守光击败李思安，随后进兵大安山

[1] 《资治通鉴》卷二百一十，唐玄宗先天元年十一月，第6678页。

（在今北京房山西北八十里），俘虏了在那里学道享乐的刘仁恭[1]。三年五月，刘守文重金招来塞外的契丹、吐谷浑军队，在蓟州鸡苏（今天津蓟州区西南 8 公里西苏庄）击败其弟刘守光，随后却又被刘守光的部将突袭生擒[2]。这个时期的契丹既是被中原多个政权援引的力量，也是时刻窥伺中原地区的巨大威胁。后梁乾化三年（913 年），来自太原的晋王李存勖击败刘仁恭父子，占领幽州[3]。贞明三年（917 年）三月，叛将卢文进从塞外引领契丹军急攻幽州。契丹在居庸关以西、新州（治今河北涿鹿）以东大败晋将周德威，乘胜进围幽州。卢文进教契丹采用挖地道、堆土山的方法攻城，周德威派人向太原告急[4]。七月，李存审、李嗣源率领步骑七万救援周德威，在幽州西南的今石景山衙门口一带与契丹大战。契丹大败，席卷其众自北山溃逃，也就是从古北口退回长城以外[5]。契丹神册六年（921 年）十月，耶律阿保机率大军入居庸关，十一月攻下古北口，“分兵略檀、顺、安远、三河、良乡、望都、潞、满城、遂城等十余城，俘其民徙内地”[6]，此后又相继进攻幽州、涿州、蓟州等地。后唐同光元年（923 年）

[1] 《资治通鉴》卷二百六十六，后梁太祖开平元年四月，第 8671 页。
[2] 《资治通鉴》卷二百六十七，后梁太祖开平三年五月，第 8710 页。
[3] 《资治通鉴》卷二百六十八，后梁均王乾化三年十一月，第 8778 页。
[4] 《资治通鉴》卷二百六十九，后梁均王贞明三年三月，第 8814 页。
[5] 《资治通鉴》卷二百七十，后梁均王贞明三年七月，第 8817 ~ 8818 页。
[6] 脱脱等：《辽史》卷二《太祖本纪下》，中华书局 1997 年缩印本，第 17 页。

至天成元年（926 年），契丹连续侵扰幽州及其以南地区，李嗣源、赵德钧等多次率军反击。

后唐清泰三年（936 年），河东节度使石敬瑭在太原起兵造反。为了换取外来的支持，他把幽州、蓟州等十六州割让给契丹，这片区域后世俗称“燕云十六州”。契丹会同元年（938 年）升幽州为陪都南京，从根本上改变了北方的军事地理格局。中原政权由此失去了燕山一线高山与长城的屏障，幽州成为契丹挥兵南下的桥头堡，在地理形势上也处于居高临下的压迫态势。后周显德六年（959 年）世宗北伐，在克复幽州外围州县之后病重撤军，留下了“出师未捷身先死”的历史遗憾。

以稳定内部为主要策略的北宋，在与契丹的军事对峙中基本处于被动地位，但在开国前期也曾有过收复失地的志向和行动。北宋太平兴国四年（979 年）高梁河之战大败后，雍熙三年（986 年）正月宋军再次大规模北伐，长城一线的重要关口和州县成为主要战场。曹彬出雄州（今河北雄县），田重进出飞狐（今河北涞水），潘美、杨业出雁门（今山西代县）。三月，曹彬相继收复固安（今河北固安）、涿州，田重进收复飞狐，潘美自西陉关（今山西代县西北）进兵，收复寰州（治今山西朔州东北马邑村）、朔州（今山西朔州）、应州（今山西应县）。四月，潘美克云州（今山西大同），田重进战飞狐北，收复蔚州（今河北蔚县），曹彬、米信在新城（今河北高碑店）东北击败契丹军队。

五月，战局突变，曹彬所部大败于岐沟关，被迫夜渡拒马河，退屯易州；田重进屯定州（今河北定州），潘美还代州（今山西代县）。北宋退军之时，将云、应、寰、朔诸州吏民及内附的吐谷浑部族迁移到河东、京西一带安置。护送迁移民众的杨业与契丹十万大军遭遇，在长城沿线的陈家谷口（今山西宁武县北阳坊镇附近）苦战，力尽被擒，绝食而死[1]。契丹于太平五年（1025年）在古北口修建纪念杨业的杨无敌庙，表达对忠臣烈士的敬意以及对宋朝的友好。北宋使者刘敞、苏颂、苏辙等取道古北口出使契丹，都曾到此拜谒并留诗感怀。

燕山长城一线的丢失，使北宋长期陷于战略被动。庆历五年（1045年）河北宣抚使富弼奏称："臣伏以河北一路，盖天下之根本也。古者未失燕蓟之地，有松亭关、古北口、居庸关为中原险要。以隔关，匈奴不敢南下，而历代帝王尚皆极意防守，未尝轻视。自晋祖失全燕之地，北方关险尽属契丹。契丹之来，荡然无阻。况又河朔士卒精悍，与它道不类，得其心可以为用，失其心则大可以为患，安得不留意于此，而反轻视哉？"[2]北宋与契丹南北并峙，曾经担任宰相的富弼提醒朝廷，要重视强悍的北方士卒与险要的长城关口。北宋李邦直《议戎策》亦称："金燕古

[1] 脱脱等：《宋史》卷五《太宗本纪二》，中华书局1997年缩印本，第77～78页。
[2] 富弼：《论河北七事疏》，黄淮、杨士奇编《历代名臣奏议》卷三百二十七《御边》，台湾学生书局1985年影印本，第4256页。

为濒山多马之国。其土莽平，宜畜牧耕稼。其民翘健，使弓矢，习骑射，乐斗轻死。中国得之足以蔽障外裔，外裔得之足以摇动中国。”由于历来被视为“天限华夷”的燕山已属契丹所有，宋辽之间只能以河北平原上的白沟作为分界线，“戎军寇马驰突，来去如股掌之上耳，此天下之所以不胜劳敝而懔懔常为忧也”[1]。燕山山脉的长城关口易守难攻，是稳定中原的必要保障。北宋失去幽州这个战略制高点后，由此南进的契丹骑兵很容易突破白沟边界，以高屋建瓴之势迅速踏上宋朝的北部领土。宋辽自景德元年（1004 年）签订“澶渊之盟”后维持了近百年的和平局面，但国家利益的驱使与决策者的利令智昏，导致北宋末年与东北的女真（金国）订立“海上之盟”，南北夹攻共同灭辽。金人在宣和五年（1123 年）把已经掳掠一空的燕京及涿、蓟等六州归还北宋，但不久又挥师南下。虚弱的北宋失去了曾经起过缓冲作用的契丹这道屏障，变为需要直接面对比契丹更加强悍的女真铁骑。迅速到来的“靖康之祸”导致北方地区惨遭女真掳掠荼毒，北宋随之宣告灭亡。

[1] 李邦直：《议戎策上》，《文渊阁四库全书》第 1346 册《宋文选》卷二十，台湾商务印书馆 1986 年影印本，第 303 页下栏～ 304 页上栏。

蒙古铁骑踏雄关

历史上的北京在金中都与元大都时期，已经从军事前沿变为受到重重保护的政治中心。因此，发生在周边的军事行动主要表现为两种形式，一种是改朝换代之际的对外战争，另一种是同一朝代内部不同政治集团之间的武力较量。金末蒙古军队从北面或西北对中都及其周边地区的进攻，元朝内部发生的大都与上都之间的“两都之战”，都与穿越长城沿线关口或防守险关要隘密切相连。

金朝末年屡次遭到蒙古军队的猛烈进攻，长城沿线的居庸关、古北口、紫荆关成为战事频繁的要塞。卫绍王大安二年（1210年），古北口屯戍千户、契丹人石抹丑奴与南下的蒙古军队力战负伤后开关纳降。随后，他转而为蒙古攻取平、滦、檀、顺、深、冀等州以及昌平红螺（应在今北京怀柔红螺山附近）、平顶（待考）诸寨，在邦君甸（今天津蓟州区西15公里邦钧镇）两败金兵[1]。三年（1211年）二月，蒙古在野狐岭（今河北万全县北15公里）击败金军，占领大水泺（在今内蒙古商都县境）、丰利（治今河北沽源县南10公里石头城子）等地。九月，蒙古军队迫近

[1] 宋濂：《元史》卷一百七十九《萧拜住传》，中华书局1997年缩印本，第4156页。

居庸关，金朝守将完颜福寿弃关逃遁。蒙古兵临中都城下，全城被迫戒严。随后，成吉思汗派出三个儿子分路进兵，攻下今山西北部、内蒙古南部、河北西北部、北京北部以及渤海湾沿岸多个州县。崇庆元年（1212年）九月，蒙古攻占奉圣州（治今河北怀来）。至宁元年（1213年）七月，蒙古又先后攻占宣德（今河北宣化）、德兴（今河北涿鹿）、怀来、缙山等州县，乘胜逼近居庸关西北的八达岭北口[1]。紧接着，蒙古军队打了一场载入史册的奇袭战。

《元史》记载，札八儿曾奉成吉思汗之命出使金国。当蒙古军队东进时，“金人恃居庸之塞，冶铁锢关门，布铁蒺藜百余里，守以精锐。札八儿既还报，太祖遂进师，距关百里不能前，召札八儿问计。对曰：‘从此而北，黑树林中有间道，骑行可一人，臣向尝过之。若勒兵衔枚以出，终夕可至。’太祖乃令札八儿轻骑前导。日暮，入谷。黎明，诸军已在平地，疾趋南口，金鼓之声若自天下，金人犹睡未知也。比惊起，已莫能支吾，锋镝所及，流血被野。关既破，中都大震。已而金人迁汴”。[2]这次奇袭成功的关键，就是蒙古军队悄悄穿过只能骑行一人的林间小路，绕到昌平南口，抄了居庸关守军的后路。从地理形势以及兵力展开的可能性推测，成吉思汗的军队自西北而来，适合屯兵的地点应

[1] 《元史》卷一《太祖纪》，第15、16页。

[2] 《元史》卷一百二十《札八儿火者传》，第2960页。

在居庸关以西百余里、永定河谷地的河北怀来与涿鹿之间，“从此而北”的“黑树林”只能是东北方向的燕然山、大海坨山及其以南一带。以札八儿为前导的蒙古兵，应是先向东北穿过黑树林，再从北口以东的某处山口转而向南，黎明时出其不意袭击了南口。

《续资治通鉴》把“札八儿”音译为“萨巴勒”，记载的进兵路线也与《元史·札八儿火者传》大不相同。在札八儿献计“自此而北，黑树丛中有间道”后，《续资治通鉴》写道：“蒙古主留克特卜齐与金军相持，乃自简锐卒与哲伯潜发，令萨巴勒前导。日暮，入谷。黎明，诸军已在平地。疾驱入紫荆口，金人犹睡，未知也。比惊起，仓卒逆战于五回岭，大败，流血被野。……进拔涿、易二州。辽人呼噜布勒等献北口，哲伯遂取居庸，与克特卜齐会。”[1]这里的进兵方向与札八儿建议的“从此而北”相反，攻入的关隘不是昌平南口而是金中都西南的紫荆关。据此判断，《续资治通鉴》应是把《元史·太祖本纪》的“帝出紫荆关”与《元史·札八儿火者传》记载的战事混为一谈了。

居庸关失守后，金贞祐元年（1213年）十月中都戒严。蒙古兵屯聚城北，金兵战败。十二月，蒙古兵分三路，横扫黄河以北

[1] 毕沅：《续资治通鉴》卷一百五十九，宋宁宗嘉定六年七月，中华书局1957年版，第4320～4321页。

地区。“凡破金九十余郡，两河、山东数千里，人民杀戮几尽，金帛、子女、羊畜牛马席卷而去，屋庐焚毁，城郭丘墟。惟中都、通、顺、真定、清、沃、大名、东平、德、邳、海州十一城不下”[1]。直至二年三月，在得到金朝的公主、童男女、金帛、马匹之后，蒙古军队才经由居庸关退到塞外草原。为了躲避蒙古的兵锋，同年五月，金宣宗决意迁都南京（今河南开封），行至良乡时军队发生内乱。蒙古应叛军札达之请前来救援，“入古北口，徇景、蓟、檀、顺诸州”，继而合兵逼近中都[2]。三年三月，中都变为一座内外不通的孤城，附近州县都被蒙古占领。五月中都被攻破，金中都时代宣告完结。

元代天历年间的“两都之战”，是皇家两个派系争夺帝位的战争，根源在于元仁宗破坏了“兄弟叔侄世世相承”的传位原则。元武宗按照惯例把皇位传给了弟弟仁宗，仁宗理应传位给侄子（武宗之子），他却传给了自己的儿子英宗。英宗被弑后，泰定帝被拥立即位。致和元年（1328 年）七月，泰定帝在上都病逝。九月，中书省左丞相倒剌沙等人在上都除掉武宗旧部，拥立泰定帝之子阿速吉八，是为天顺帝。与此同时，留守大都的签枢密院事燕铁木儿除掉仁宗旧部，迎立武宗次子图帖睦尔即位，是为元文宗，年号天历。这样一来，大都的元文宗与上都的天顺帝各有自己的

[1] 《续资治通鉴》卷一百六十，宋宁宗嘉定六年十二月，第 4330 页。
[2] 《续资治通鉴》卷一百六十，宋宁宗嘉定七年五月，第 4336 页。

拥立者，尚未过完的泰定帝致和元年自九月开始，变为同时存在的元文宗天历元年与天顺帝天顺元年，两股势力、两个都城之间的战争不可避免。

《元史·文宗本纪》记载，燕铁木儿为防备上都进攻做了严密部署，从八月初五开始，先后调兵守卫居庸关及芦儿岭（今河北迁西县西北 13 公里三屯营）、白马甸（今北京密云以北 40 公里白马关）、泰和岭（今山西朔州东南太和岭）、迁民镇（今河北秦皇岛山海关）、碑楼口（今山西朔州应县北楼口村）。他派遣从上都归来的弟弟撒敦守居庸关、儿子唐其势屯扎古北口，后来又以率军从上都归来的阿速卫指挥使脱脱木儿守古北口。二十五日，脱脱木儿在宜兴（治今河北滦平县东北十五里小城子）打败上都的军队。二十七日，率军从上都归来的贵赤卫指挥使脱迭，也加入了守卫古北口的行列。二十九日，上都梁王王禅等驻扎在榆林（今河北怀来县东榆林堡）。

九月初一，燕铁木儿督师居庸关，撒敦、斡都蛮分别在榆林、陀罗台（今北京延庆，时置陀罗台驿）击败上都军。初七，派遣撒敦在蓟州以东的流沙河（今名沙流河，在河北丰润西北）抵御辽东兵，也速台儿坚守在碑楼口。十二日，脱脱木儿与辽东军战于蓟州（治今天津蓟州区）两家店。十六日，王禅袭破居庸关，次日游兵至大口（今北京海淀区四拨子）。十九日至二十五日，燕铁木儿先后在榆河（昌平南 13 公里，今北京海淀区玉河村）、

▲ 榆林堡城墙遗址

红桥（今北京昌平西南，北沙河以北）、白浮（今北京昌平南4公里白浮村）击败王禅，追至昌平北，王禅单骑逃走。二十六日，上都兵入古北口，杀掠石槽（今北京顺义西北15公里石槽）。燕铁木儿派遣撒敦攻其不备，随后大兵掩杀，转战四十余里，至牛头山（在今北京密云北）擒住了驸马孛罗帖木儿等人，大获全胜。二十八日，辽东军进抵大都，燕铁木儿率领军民守城。十月初一，燕铁木儿在通州潞水边击败辽东军。初四，上都游兵进逼大都南城，城中居民每户出壮丁一人，持兵杖与军士一起登城守卫。燕铁木儿、唐其势等率军先在檀子山的枣林（今北京通州张家湾南枣林庄）获胜，又循北山向西直插良乡，驰援卢沟桥战场，并于初九在紫荆关俘获阿剌帖木儿等人。初十，上都军又入古北口，被燕铁木儿在檀州以南击败。十三日，上都被围，倒剌沙等手捧玉玺出降。至此，历时两个多月的“两都之战”宣告结束[1]。在这场战争中，居庸关、古北口、紫荆关等长城要塞是双方必争之地。大都军队具有强大的后方支持，作为统帅的燕铁木儿身先士卒、调度得当，这些都是元文宗一方最终获胜的关键因素。在这之后，顺帝至正二十四年（1364年），又有帝党与后党之争激化为兵戎相见，居庸关、古北口依旧是两军攻守的焦点，昌平龙虎台、皇后店（或作黄堠店，今海淀皇后店）、清河、通州等地是主要战场。

---

[1] 《元史》卷三十二《文宗本纪一》，第704 ~ 718页。

四年后的至正二十八年（1368 年）八月初二，明军从齐化门（今北京朝阳门）攻克大都。明朝的北平府即永乐帝迁都之后的北京，随即变成了先后防御蒙古与满洲的前沿地带。

永乐年间迁都北京后，明朝逐渐放弃内蒙古至辽东的外围战略要地，燕山一线的长城上升为北京抵挡蒙古诸部与东北满洲的最后一道屏障。

第五章　大明万军守边墙

▲ 大明边墙（吴文涛摄）

徐达率领明朝军队占领元大都之后，失去首都地位的这座城市迅即改称北平府，北城墙也向南缩进了五里。这支胜利之师势如破竹，一步步把元朝势力向漠北驱赶。北平府已由前线变为后方，根本无须通过南移城墙以节省屈指可数的戍守军队。此举无非是遵循传统礼制的要求，保证北平城垣的周长至少不超越国都南京。永乐年间迁都北京后，明朝逐渐放弃内蒙古至辽东的外围战略要地，燕山一线的长城上升为北京抵挡蒙古诸部与东北满洲的最后一道屏障。

蓟辽宣大藩篱密

洪武元年（1368 年）明军占领元大都不久，徐达就奉命修筑长城、部署防线。三年（1370 年），淮安侯华云龙建议："北平边塞，东自永平、蓟州，西至灰岭下，隘口一百二十一，相去可二千二百里。其王平口至官坐岭，隘口九，相去五百余里。俱冲要，宜设兵。紫荆关及芦花山岭尤要害，宜设千户守御所。”[1]长城的防务由此得到加强，灰岭、王平口分别在今北京昌平、门头沟境内。十五年（1382 年）九月，根据北平都司的提议，以各卫所属的校卒，加强戍守所辖自山海关至居庸关、紫荆关沿线的二百处关隘，分别为：一片石、黄土岭、董家口、义院口、箭竿岭、孤窑儿、刘家口、河流口、徐流口、冷口、界岭口、青山口、干涧儿、桃林口、重峪口、石门子、白道子、白羊峪、石湖洞、五重庵、新开岭、佛面山、栲栳山、擦崖子、城子岭、大峪、水峪、中寨、榆木岭、青山、游乡口、铁门口、大喜峰口、小喜峰口、团亭寨、潘家口、常峪寨、三台山、隘口寨、龙井寨、朝儿岭、松陀儿、松棚峪、青山大岭、木潭岭、臭麻峪、刀山寨、分水岭、马蹄峪、洪山寨、蔡家峪、秋科峪、于家峪、道沟峪、罗文峪、猫儿峪、山寨峪、小挝角山、大挝角山、会仙台、沙坡峪、山口西寨、片石峪、冷嘴头口、楮皮寨、尖山寨、龙池寨、大安口、井儿峪寨、鲇鱼石口、琵琶峪寨、马兰峪、平山寨、宽田峪、南山顶寨、饿老婆顶寨、滴水峪小寨、北山顶、滴水峪北山等寨、录山顶、峰台岭寨、古强峪、耻瞎峪、钻天岭、黄崖口、小平安岭、大平安岭、三山寨、蚕椽峪、青山岭、彰作里、将军石口、噶山

[1] 张廷玉等：《明史》卷一百三十《华云龙传》，中华书局 1997 年缩印本，第 3825 页。

寨（蝎，音 kè，今平谷靠山集）、黄松峪、文家庄、鱼子山、萧家岭、熊儿岭、沙岭儿、灰峪口、灰岭儿、猪圈头、山嘴头、木场峪、灰塘峪、墙子岭、磨刀峪、许家峪、苍木会、小黄崖、大黄崖、石堂峪、姜毛峪、苏家峪、大虫峪、遥桥峪、南峪、烧香峪、墨峪口、蜂台峪、高垛子、小水峪、汉儿岭、城子山、倒班岭、杷头岭崖、师姑峪、梧桐安、齐头崖、柏岭安、将军台、卢家安、司马台、丫髻山、沙岭儿、砖垛子、龙王峪、师婆峪、古北口、潮河寨、柞峪、车道峪、蚕房峪、陈家峪、东驼骨、西驼骨、白马甸、划车岭、冯家峪、营城岭、黄崖口、石塘岭、东石城、西石城、东水峪、白道峪、牛盆峪、小水峪、水口峪、河坊口、神堂峪、亓连口、加儿岭、驴鞍岭、南冶岭口、黄花镇、西水峪、枣园峪、灰岭口、贤庄口、锥石口、德胜口、虎峪口、居庸、阳峪口、苏林口、白羊口、柏峪口、高崖口、方良口、常峪口、长城岭、沿河口、石港口、小龙门口、天井关、东龙关、天桥关、天门关、洪水口、西龙门、叚口、石峨口、兰芳口、鹿角口、南龙门、马水口、道水口、石塘口、金水口[1]。在《明实录》里，少数关口名称因为字形相似造成书写错误，还有的名称至今已经发生同音异写，但古今地名差别有限，大多可与今地名对应起来。

[1] 《明太祖实录》卷一百四十八，洪武十五年九月丁卯。

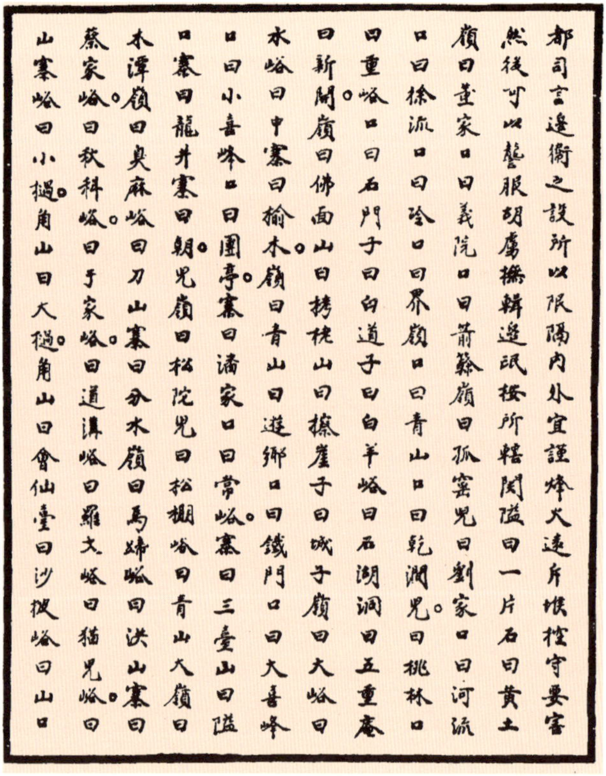

都司言邊衛之設所以限隔内外宜謹烽火遠斥堠控守要害
然後可以警服胡虜撫輯邊氓按所轄関隘曰一片石曰黄土
嶺曰董家口曰義院口曰箭簳嶺曰孤窯兒曰劉家口曰河流
口曰徐流口曰塗口曰界嶺口曰青山口曰乾澗兒。曰桃林口
曰重峪口曰石門子曰白道子曰白羊峪曰石湖洞曰五重庵
曰新闗。嶺曰佛面山曰拷栳山曰擦崖子曰城子嶺曰大峪曰
水峪曰中寨曰榆木。嶺曰青山曰遊鄉口曰鐵門口曰大喜峰
口曰小喜峰口曰團亭。寨曰潘家口曰常峪。寨曰三臺山曰隘
口寨曰龍井寨曰朝。兒嶺曰松陀兒曰松棚峪曰青山大嶺曰
木譚嶺曰臭麻峪曰刀山寨曰分水嶺曰馬蹄峪曰洪山寨曰
蔡家峪。曰秋科峪。曰于家峪。曰道溝峪曰羅文峪曰猫兒峪。曰
山寨峪曰小撾。角山曰大撾。角山曰會仙臺曰沙坡峪曰山口

▲《明太祖实录》卷一百四十八书影

洪武二十年（1387年），李文忠、冯胜等分别率兵占领今内蒙古境内的元上都开平（今正蓝旗东）、大宁（今宁城县大明镇）、东胜（今托克托县西）等塞外战略要地，大宁都指挥司及其左、中、右诸卫所辖地域与宣府、辽东连成一片，其北部界线接近秦汉、北朝旧长城，幽燕地区由此具备了内外两条防线，燕山一线长城就变成了有“外边”保护的“内边”。朱元璋把朱棣等诸子封为镇守边塞的藩王，驻守在全长一万两千多里的长城沿线。从这时到嘉靖年间，逐渐形成了九个军事重镇，称为“九镇”或“九边”。自东向西，分别是辽东镇（总兵官驻今辽宁北镇，后移辽阳）、蓟州镇（亦称蓟镇，驻今河北迁西三屯营）、宣府镇（驻今河北宣化）、大同镇（驻今山西大同）、太原镇（一名三关镇，驻今山西偏关县偏头关，后移宁武县宁武关）、榆林镇（即延绥镇，驻今陕西绥德，成化七年移至榆林卫，即今陕西榆林，遂称榆林镇）、宁夏镇（驻今宁夏银川）、固原镇（驻今宁夏固原）、甘肃镇（驻今甘肃张掖）。今北京地区大部分处在蓟镇范围内，延庆一带属于宣府镇。

明成祖即位后，逐渐放弃了开平、大宁等战略要地，把这里赐给内附的蒙古兀良哈部。这样一来，辽东与宣府、大同之间的联络被隔断，燕山长城就成了北京防御体系最重要的依托。东起山海关西至灰岭口（今昌平以北15公里上口村北；一说至镇边城，在今河北怀来东南）的蓟镇，是北京最直接的北部防线；居庸关外的宣府、大同两镇是北京的西北屏障，具有分段设防、层层阻击的作用。宣府镇东起居庸关以北的四海治（今延庆四海），西至大同东北的平远堡。北方游牧民族用兵一般选择攻大同、入宣府、破居庸、进北京的路线，攻入大同之敌往往南下直趋雁门、穿越太行，从侧翼进兵北京；突破宣府之敌则势必向南夺取紫荆关、向东过保定再转而向北直扑北京。蓟镇的军事地位极为关键，边墙也修得比其他地方高大雄伟。为了加强对京师和昌平皇帝陵的防务，嘉靖年间又从蓟镇划出昌平镇（东起慕田峪，西至紫荆关）和真保镇（北起紫荆关，南至固关）。

在明朝的二百多年间，修筑长城以加强九边防御，始终是军事活动的重心所在，北京以长城为依托构筑了一个多层次的防御体系。时人形容："宣府、大同，藩篱也；居庸、紫荆，门户也；顺天、真定、保定等府州县，堂室也。藩篱密，斯门户固；门户固，斯堂室安。"[1]清初顾祖禹指出：大同府"居边隅之要害，为京师之藩屏。……女真之亡辽，蒙古之亡金，皆先下大同，燕京不能复固矣。故明都燕，以郡为肩背之地，镇守攸重"[2]；宣化"南屏京师，后控沙漠，左挹居庸之险，右拥云中之固，弹压上游，居然都会。……居庸者，京师之门户，

[1] 《日下旧闻考》卷五《形胜》引《渔石集》，北京古籍出版社 1985 年版，第 83 页。《四库全书存目丛书》本唐龙《渔石集》无此语。

[2] 《读史方舆纪要》卷四十四，第 1833 ~ 1834 页。

宣府又居庸之藩卫也。其地山川纠纷，号为险塞，且分屯置军，倍于他镇，气势完固，庶几易守”[1]。永乐帝虽然放弃了塞外战略要地，但对加强长城一线的边备非常重视。《明史》记载：“帝于边备甚谨，自宣府迤西迄山西，缘边皆峻垣深壕，烽堠相接。隘口通车骑者百户守之，通樵牧者甲士十人守之。武安侯郑亨充总兵官，其敕书云：‘各处烟墩，务增筑高厚，上贮五月粮及柴薪药弩，墩傍开井，井外围墙与墩平，外望如一。’重门御暴之意，常凛凛也。”[2]在巩固长城防御的同时，永乐帝五次率领大军亲征漠北。嗣后明朝无力大规模远征时，越发显出了建立长城防御体系的重要。成化十二年（1476年）总兵官李铭整修边备，“无间祁寒盛暑，短衣轻骑，涉险相度，分督参谋，岁益加修。蜿蜒山镇，逾数千里，屹然一巨防也”[3]。弘治十一年（1498年），顺天巡抚洪钟“整饬蓟州边备，建议增筑塞垣。自山海关西北至密云古北口、黄花镇直抵居庸，延亘千余里，缮复城堡二百七十所，悉城缘边诸县，因奏减防秋兵六千人，岁省挽输犒赉费数万计”[4]。北京地区明长城的建筑规模前所未有，除了部分地段为新修建之外，大多是在北齐长城

[1] 《读史方舆纪要》卷十八，第778页。
[2] 《明史》卷九十一《兵志三》，第2236页。
[3] 郭造卿：《卢龙塞略》卷十二《传部·镇守名将》，明万历三十八年刻本，第4页。
[4] 《明史》卷一百八十七《洪钟传》，第4957页。

的基础上继续加固和完善。

隆庆、万历年间蓟镇长城的修筑与长城沿线的安宁，有赖于抗倭名将、蓟镇总兵戚继光的卓越建树。隆庆二年（1568年），戚继光奉命专职训练士兵，次年巡视边塞、全面规划，提出创建空心敌台的建议："请跨墙为台，睥睨四达。台高五丈，虚中为三层，台宿百人，铠仗糗粮具备。令戍卒画地受工，先建千二百座。"戚继光由浙江募集的三千士兵列阵郊外，从早晨到中午站立在雨中岿然不动。他的这种训练迅速扭转了北方守边军队慵懒散漫的精神状态。隆庆五年（1571年）秋"台功成，精坚雄壮，二千里声势联接"[1]。万历二年（1574年）七月重新整修城墙和敌台，改变了因为敌台被城墙遮掩而不利于守军反击的局面："台台相应，且就障下墙基，循墙加筑三合土。墙高三尺，上修下削，附墙相依。久之，土石为一，风雨斧凿不能伤坏。且附墙而削其上，无能置足其间。彼虽有乘墉毁垣之谋，一无所逞。乃复杜塞口外蹊径，又发修边垛式，勘验过丈杆，令将所修丈量明白，俱出一式。于是，各路所修比前更加壮丽，而经制之善足称磐石之安矣。"[2]万历六年（1578年）七月，蓟辽总督梁梦龙在《酌议修守机宜疏》一书中追述说：

---

[1] 《明史》卷二百十二《戚继光传》，第5615页。

[2] 戚祚国等：《戚少保年谱耆编》卷十一，《续修四库全书》第533册，上海古籍出版社2002年影印本，第324页。

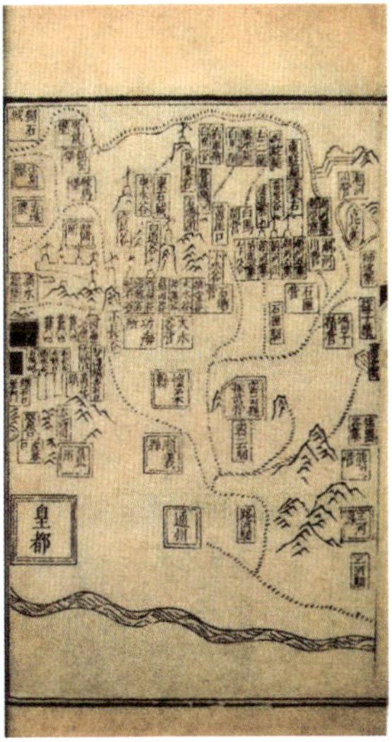

▲ 明刻本方孔炤《全边略记·大明神势图》北京东北部

▲ 明刻本方孔炤《全边略记·大明神势图》宣府镇一带

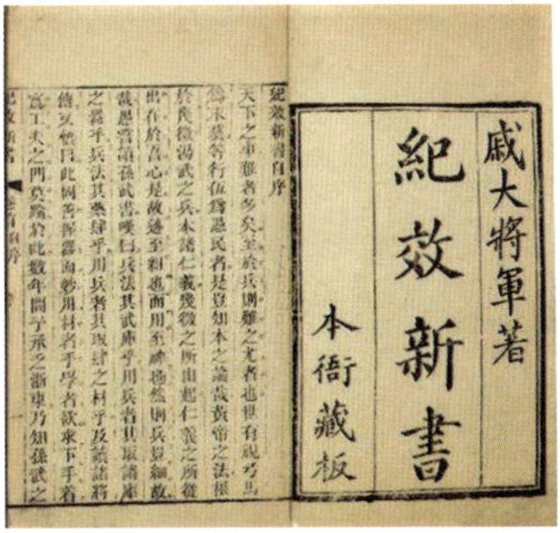

▲ 戚继光《纪效新书》（明万历间福建布政司刻本）

长城此前有城墙而无敌台，不能抵御墙外敌兵在山上居高临下的射杀。“至隆庆初年，始有建台之议。台皆据高骑墙，与墙外高阜相望并峙，火器易以及贼，贼不能攻，此总督谭纶、巡抚刘应节、总理戚某之策也。当时墙犹夫旧也，至我皇上御极四年，始有拆旧修新之议。新墙高广，皆以三合土筑心，表里砖包，垛口纯用灰浆，与边腹砖城比坚并久。其应增台者即增之，应制铲削偏坡者即铲削之，此总督杨兆、巡抚王一鹗、总理戚某、总兵杨四畏之策也。台墙皆在冲要山口及山梁之处，与各镇台墙在大漠荒碛、易于倾圮沙埋者大不相同。如能通完，二千里间屹然长城，真得设险守国之义。”[1]戚继光把蓟镇全线划分为三协守、十二路，统一编派各种兵力，形成了节制分明、各负其责、分段防守的整体。他还创立车营，以配备火器的车辆结成方阵，骑兵与手持拒马器的步兵处在其中。敌人来袭时先以火器射击，再近些则以步兵阻止，敌人溃退则放出骑兵追击。勇敢的南方士兵充当先锋，辎重营紧随其后，“节制精明，器械犀利，蓟门军容遂为诸边冠”。戚继光在蓟镇屡挫敌寇，鞑靼慑于戚家军的威名，始终不敢轻易进犯。戚继光“在镇十六年，边备修饬，蓟门宴然。继之者，踵其成法，数十年得无事”[2]。

---

[1] 《戚少保年谱耆编》卷十一，《续修四库全书》第533册，第336页下栏～337页上栏。年谱编纂者戚祚国是戚继光长子，子不言父，遂以“戚某”代之。

[2] 《明史》卷二百十二《戚继光传》，第5615～5616页。

他在诗中自述："一年三百六十日，多是横戈马上行。"[1] 这位杰出将领一直深受后人敬仰，总结他用兵经验的《纪效新书》，也是中国古代军事学的经典著作。

重兵高垒护神京

明代防御北部边境的负担一直非常沉重，正如《明史》所言："元人北归，屡谋兴复。永乐迁都北平，三面近塞。正统以后，敌患日多。故终明之世，边防甚重。"[2] 明长城北京段分属蓟镇与后来增设的昌镇，明末清初孙承泽追述了长城沿线的布防情形："京东至山海关，西至黄花镇，为关寨者二百一十二，为营堡者四十四，为卫二十二，为守御所三。设分守参将五于燕河营、太平寨、马兰峪、密云县、黄花镇以管摄营堡，谓之关。设守备都指挥五于山海、永平、遵化、蓟州、三河以管摄卫所，谓之营。设总兵官一员于三屯营，以总镇焉。关设于外，所以防守；营立于内，所以应援，其制可谓密矣。此所以控御其形势者也。"[3] 这个防御体系从洪武年间开始布局，到嘉靖年间趋于完备，

[1] 戚继光：《马上作》，钱谦益辑《列朝诗选·丁集》卷十一，《续修四库全书》第1624册41页上栏。

[2] 《明史》卷九十一《兵志三》，第2235页。

[3] 孙承泽：《春明梦余录》卷二《形胜》，北京古籍出版社1992年版，第16页。

《明史·兵志》记载了如下的发展进程[1]。

洪武六年（1373年），朱元璋命大将军徐达等筹措山西、北平一带的军事防御。采纳淮安侯华云龙的建议，在永平、蓟州、密云迤西两千余里的129处关隘驻军戍守；九年（1376年），敕令燕山前卫等十一卫，分兵驻守古北口、居庸关、喜峰口、松亭关的196处烽堠，杂用南北方军士；十五年（1382年），布置各卫的兵卒戍守北平都司所辖200处关隘，诏令封地接近边塞的诸王每年秋季率兵巡视防卫情况；十七年（1384年），命徐达报告北平将校士卒数量，此后经常委派公侯核对戍守的沿边军马；二十年（1387年），在喜峰口外的辽中京故地大宁（今内蒙古宁城县大明城）设北平行都司，封皇子朱权为宁王在此驻守，同时设立营州五屯卫；二十五年（1392年）筑东胜城，设置十六卫。这些措施与此前在元上都故地所设的开平卫等相结合，在长城以北构成了又一道东西呼应的军事防线。

建文元年（1399年），镇守北平的燕王朱棣发动靖难之役，起兵占领大宁以稳固后方。他在夺得皇位后，把北平行都司改为大宁都司，驻地由大宁迁移到保定；将营州五屯卫分散到顺义、蓟州、平谷、香河、三河，把战略要地大宁送给了洪武年间内附、

---

[1] 《明史》卷九十一《兵志三》，第2235～2241页。

靖难期间“从战有功”的蒙古兀良哈部。辽东与宣府、大同之间的呼应因此被阻绝，孤远难守的东胜左卫移到永平，东胜右卫迁到遵化。在此之前，兴和千户所已被废弃，开平卫迁徙到独石口。这样一来，宣府、北平变为直接暴露在一线的军事前沿。明朝与蒙古诸部的关系并不稳定，永乐帝采取了峻垣深濠、烽堠相接的方针，这个时期长城沿线的防御比较稳固。

正统年间以英宗被蒙古瓦剌部俘虏为标志的“土木之变”，暴露了明朝边防已经相当虚弱。此后来自北面的边患频仍，几乎岁无宁日。成化元年（1465 年），延绥总兵官张杰奏报：“延庆等境广袤千里，所辖二十五营堡，每处仅一二百人，难以应敌”，请求在山西、陕西沿边要害处增兵。十二年（1476 年），兵部侍郎滕昭、英国公张懋提出：“居庸关、黄花镇、喜峰口、古北口、燕河营有团营马步军万五千人戍守，请益军五千，分驻永平、密云以策应辽东。”这个建议被朝廷采纳。二十一年（1485 年），朝廷敕令守边军士每年九月至次年三月坚持操练。武宗正德年间，曾实行京城六千驻军与宣府六千守军春秋轮换戍守的制度。

嘉靖二十七年（1548 年）设立蓟镇，守军从各个卫所调集，却没有本镇常属的军队。兵部提出，在明陵以东的苏家口筑墙建台、设兵守卫。蓟镇兵力孱弱，军情紧急时从各地征召的军队只是凭险固守，没有敢于与敌交战之人。再加上蓟镇各卫的士兵是

▲ 延庆花家窑子段长城（朱永杰摄）

归宣大督抚调遣，他们的防御就越发漫不经心，蒙古军队每年都会乘虚而入。嘉靖二十九年（1550年），土默特部首领俺答进攻古北口，分兵从西南七十余里的黄榆沟潜入，穿过长城上的黄峪口（今北京密云以北25公里、古北口西南28公里），直逼北京东直门下，明朝诸将不敢应战。总督宣大军务的翁万达早就建议修筑宣大边墙千余里、烽堠三百六十三所，但直到此次兵败过后朝廷才修补城墙，长城沿线的战事也东移到蓟镇辖区。三十七年（1558年），各镇建议分别训练本镇的戍卒以节省军费，遇到战事却还要像从前那样四处征发戍卒。隆庆年间戚继光受命负责练兵，蓟镇守军才迅速形成强大的战斗力。

明朝初年沿边各卫的驻守者，只有土著士兵与犯罪发配守边之人。一遇战事警报，其他诸卫的军队即被调来戍守，这些外来的军队叫作“客兵”。永乐年间，内地军队轮番戍边，被称为“边班”。边班的逃亡士兵越来越多，朝廷转而从民间招募或从别处改拨。各镇官军越来越少，其中还有一半是临时招募的兵员和当地的士兵。明初的守边军队纪律严明、职责明确，总兵官率领的总镇军为正兵，副总兵分领三千为奇兵，游击分领三千往来防御为游兵，参将分守各路、东西策应为援兵。营堡墩台分为极冲、次冲两类，根据险要程度确定守军的多少。军队平时会演练阵法、侦察敌情、警戒瞭望、焚烧沿线荒草等，稍有违犯就按军法处置。这些制度和纪律后来都被破坏或废弃，再加上明后期国家财力匮乏、政治腐败，长城沿线关隘失守以及明朝的灭亡就不可避免了。

摐金伐鼓动风云

明代穿越长城北京段的战事，载于多种历史文献。这里以《明史纪事本末》为主，辅以《明实录》《明史》等略作说明。

洪武元年闰七月二十八（1368年9月10日），徐达率军入通州。元顺帝决定避兵北行，“是夜三鼓，元主及后妃、太子开建［健］德门，由居庸北走，如上都”。八月初二，明军攻入大都，次日即派兵在古北口等关隘巡逻。二年（1369年）二月，元丞相也速进攻通州，被疑兵惊遁；六月再攻通州，遭到明军反击。常遇春、李文忠“自北平往开平，道三河，经鹿儿岭，过会州，败元将江文清于锦川”。北上再克全宁（今内蒙古翁牛特旗），南下占领大兴州（治今河北滦平东北9公里兴洲）。于是取道新开岭（当在今河北滦平西北至围场县御道口之间），西进元上都开平，长城以北由此平定[1]。

明朝历史上著名的“靖难之役”，是燕王朱棣自北平起兵夺取皇位的一场内战。建文元年（1399年）七月，朱棣设计斩杀朝

[1] 谷应泰：《明史纪事本末》卷八《北伐中原》，中华书局1977年版，第100～112页。

廷派来监视其动静的谢贵等将领，夺取北平府九门。忠于朝廷的都指挥使余瑱退守居庸关，马宣东走蓟州，宋忠自开平率兵三万至居庸关而不敢进，退保怀来。燕兵在攻克蓟州、遵化、密云之后，进攻怀来。燕王说："居庸险隘，北平之咽喉。我得此，可无北顾忧，瑱若据此，是拊我背也。宜急取之，缓则增兵缮守，后难图矣。"余瑱因为援军不至，弃关退至怀来与宋忠合兵。燕王趁其立足未稳，率马步精锐八千，卷甲倍道而进。怀来既克，山后诸州皆不守，北部州县守将先后降附。随后，永平守军亦降，燕兵进克滦河（今河北迁西县北 25 公里滦阳）。朝廷一方的大宁都指挥卜万等引兵十万，出长城松亭关（今河北迁西县潘家口），驻沙河（今河北遵化市濛河支流），进攻遵化。燕王救援遵化，卜万等退保松亭关。此后，燕王在河北平原击败耿炳文，在塞外夺取了大宁（今内蒙古宁城县大明镇）后，又在三河击败李景隆。十二月，燕王师出紫荆关，广昌（今河北涞源县）守将投降。建文二年（1400 年）正月，燕王进兵蔚州（今河北蔚县），守军投降，接着又进攻大同。李景隆率师出紫荆关救大同，燕王遂由居庸关回至北平[1]。战争造成了大量人口流离死亡，仅建文二年二月朱棣就曾"命来降指挥耿孝等，分诣郑村坝等处，收骸骨十余

[1] 《明史纪事本末》卷十六《燕王起兵》，第 235 ~ 248 页。

万”[1]。靖难之役过后，“淮以北鞠为茂草”[2]。

明成祖在永乐八年（1410年）三月率军出居庸关北征鞑靼，十二年（1414年）三月再征瓦剌，都取得了战争胜利。二十年（1422年）二月，动用大量人力物力进行战前准备。“凡前后运用驴三十四万，车一十七万七千五百七十三辆，挽车民夫二十三万五千一百四十六人。运粮凡三十七万石，并出塞分贮。”同年三月与嗣后的永乐二十一年（1423年）和二十二年（1424年），明成祖连续三次出塞，亲征威胁北边安全的蒙古阿鲁台部，直至二十二年七月十八日在征战途中病逝于榆木川（在今内蒙古西乌珠穆沁旗东部，一说在多伦县北）[3]。数次远征进军的路线，大致都是出居庸关至宣府再抵蒙古高原，随后的战事皆发生在长城以北。

“土木之变”是明朝走向衰落的显著标志，继而引发了于谦领导的北京保卫战。蒙古瓦剌部首领也先因为互市不畅、请婚受挫而与明朝失和。正统十四年（1449年）七月八日，也先大举入寇山西大同，塞外城堡陷没。十七日，明英宗带领宦官王振及大军五十余万人出京，至龙虎台扎营，次日出居庸关，过怀来，至宣府。这支“御驾亲征”的庞大军队，未至大同就

[1] 《明太宗实录》卷六，建文二年二月乙丑。

[2] 《明史》卷七十七《食货志一》，第1881页。

[3] 《明史纪事本末》卷二十一《亲征漠北》，第333、338、340、341、342页。

已乏粮，僵尸满路。八月初一大军刚至大同，前线战败的消息便接踵而至，众臣因此极力请求英宗回京。大同总兵郭登建议走紫荆关可保无虞，王振却试图请皇帝驾临他的家乡蔚州，南行四十里之后又担心大军沿途损害庄稼，复转东行，至狼山（今河北怀来东南 14 公里狼山）被蒙古骑兵追上。十三日，朱勇等所率的三万骑兵在鹞儿岭（今河北怀来南 13 公里窑儿湾）被杀掠殆尽。在王振的迁延阻止下，英宗驻扎在土木堡（今河北怀来东南 13 公里土木）。十五日，连日缺水的数十万明军大败，英宗被俘，嗣后经大同、宣府被押解出塞[1]。危急关头景泰帝匆忙即位，按照兵部尚书于谦的建议，布置了京师九门以及外围关口的备战和防御。十月，也先以送回英宗为名进攻紫荆关，长驱至京城西北。于谦率众保卫北京，也先损失惨重，遂遁出居庸关，伯颜帖木儿带着明英宗出紫荆关。

北京解围后，有人提出将镇守居庸关和宣府的善战将领召回京师。于谦指出："宣府，京师之藩篱；居庸，京师之门户。边备既虚，万一也先乘虚据宣府为巢窟，京师能安枕乎！"兵科给事中叶盛也认为："今日之事，边关为急。往者马营、独石不弃，则六师何以陷土木！紫荆、白羊不破，则寇骑何以薄都城！即此而观，边关不固，则京城虽守，不过仅保九门，其

[1] 《明史纪事本末》卷三十二《土木之变》，第 472 ~ 474 页。

如寝陵何？其如郊社坛壝何？其如四郊生灵荼毒何？宜急令固守为便。”[1]战争显示了长城沿线雄关险隘的作用，力挽狂澜的于谦表现出来的高度智慧和军事谋略，使他成为中国历史上杰出的军事将领和民族英雄。英宗复辟后于谦被杀，更增添了人们对他的痛惜和怀念。

“庚戌之变”是明朝北边多次遭受蒙古部族入侵的典型战例，嘉靖二十九年（1550 年）是庚戌年。六月，鞑靼部可汗俺答率部扒开边墙入寇大同府境，此后接受明朝新任大同总兵仇鸾的贿赂，转而进攻蓟州。八月十四日大军沿潮河川至古北口，十六日以数千骑进攻，另外派出一支精锐骑兵，“由石匣营达密云县，转掠怀柔，至顺义城下，围之”[2]。对于这次战事，《明史纪事本末》记载：俺答“别遣精骑从间道黄榆沟溃墙出师后。京兵大惊溃，争弃甲及马，窜山谷林莽中。寇遂大杀掠怀柔、顺义吏士无算，长驱入内地”[3]。这支精骑穿过长城上的黄峪口，抄了古北口守军的后路。随后，俺答的军队在北京周边各州县肆意烧杀，明军不敢与之交战。二十二日，“寇由巩华城犯诸陵，转掠西山、良乡以西，保定皆震”[4]。入塞八天之后，俺答从容整顿掳掠的金

[1] 《明史纪事本末》卷三十三《景帝登极守御》，第 480 ~ 485 页。
[2] 《明世宗实录》卷三百六十四，嘉靖二十九年八月乙亥、丁丑。
[3] 《明史纪事本末》卷五十九《庚戌之变》，第 900 页。
[4] 《明史纪事本末》卷五十九《庚戌之变》，第 903 页。

帛财物，计划取道白羊口退兵。二十四日，“虏遁至清河迤北，分掠天寿山、东山口、康陵果园等处”。俺答的军队在受到白羊口的明军阻击后转向东南行，在昌平以北杀伤偶然相遇的仇鸾所部千余人。二十六日，“虏长驱至天寿山，见总兵赵国忠列阵红门前，不敢入而去”[1]。于是，俺答部军队沿着潮河川由古北口故道出关，京师持续半月之久的危机宣告解除。此后，蒙古各部的入侵依然不止。嘉靖四十二年（1563 年）十月，“虏拥众自墙子岭、磨刀峪溃墙入犯”，掳掠通州、香河、三河等处，京师为此戒严[2]，“寇趋顺义不得入，乃走古北口”。[3] 此类战事，在明代史籍中多有记载。

明朝后期的对手是满洲建立的后金（1636 年改国号为清），他们多次穿过长城关口进兵到北京周边。仅以崇祯年间的主要战事而论，崇祯二年（1629 年）十月，满洲军队越过长城一线的大安口（今河北遵化西北 18 公里大安口），又分兵进入龙井口（今河北迁西西北 30 公里龙井关）和马兰谷（今遵化西 22 公里马兰峪，其北 4 公里有马兰关）两个关口，并于第二天包围蓟州（今天津蓟州区）[4]。十一月，“清兵围遵化”，北京城

[1] 《明世宗实录》卷三百六十四，嘉靖二十九年八月乙酉、丁亥。
[2] 《明世宗实录》卷五百二十六，嘉靖四十二年十月丁卯。
[3] 《明史》卷二百十三《徐阶传》，第 5635 页。
[4] 《明实录·崇祯实录》卷二，崇祯二年十月戊寅。

▲ 密云古北口蟠龙山长城（朱永杰摄）

外“清兵大至，侯世禄、满桂俱屯兵德胜门”[1]。由此到三年（1630年）三月，满洲军队又相继进攻北京南城及固安、良乡、香河、三河、宝坻、玉田、永平、抚宁、昌黎、房山各县。九年（1636年）六月，“清兵入喜逢口”，“攻居庸关、昌平北路”[2]；七月，“清兵间道自天寿山后至昌平。降丁二千人内应，城陷”，继而“清兵薄西山，攻巩华城”，“昌平叛兵薄西直门。清兵屯清河，抄河南出”[3]，随后又进攻北京以南的河北、天津诸州县。

崇祯十一年（1638年）九月，“清兵约西人大举，分入西协墙子岭、中协青山口，……清兵入墙子路，待青山之众以越迁安，薄丰润”[4]。西人，指西部草原上的蒙古部族。同年十二月，“清兵连入昌平、宝坻、平谷、蓟、霸、景、赵、清河、良乡”[5]。十二年（1639年）三月清兵入丰润，被明军在太平塞（今河北迁西县东北20公里太平寨）以北战败。继而又至冷口（今河北迁安市东北23公里），闻知明军有备，遂从青山口出塞。此次清兵入侵，“计深入两千里，历五阅月，破七十余城，杀亲王，隳

[1] 《明实录·崇祯实录》卷二，崇祯二年十一月丙戌、庚子。
[2] 《明实录·崇祯实录》卷九，崇祯九年六月己亥。
[3] 《明实录·崇祯实录》卷九，崇祯九年七月己酉、庚戌、壬子。
[4] 《明实录·崇祯实录》卷十一，崇祯十一年九月丁丑。
[5] 《明实录·崇祯实录》卷十一，崇祯十一年十二月丁未。

省会。中国援兵环合，未尝少挫也”[1]，明朝军力衰退与败亡之势已不可遏止。

崇祯十五年（1642年）十一月，清兵大举入塞，分入墙之路（即密云墙子路）、界岭（今河北抚宁县北30公里界岭口）、青山（今河北迁西县青山口），相继攻破迁安、三河。清兵一路经永平府台头（今河北抚宁县北15公里台营村）进攻通州，另一路自柳树涧（今界岭口西南1公里柳树沟）直趋天津并继续南下。京师戒严，勋臣分守九门[2]。康熙《蓟州志》著录的崇祯进士、蓟州人李孔昭《义冢碑记》载：“明崇祯壬午年冬十月，渔阳失守，全城被屠，宫室俱烬。及兵退之后，尸骸遍地，面貌姓氏不可辨矣。城中绝嗣大半，幸有子孙、亲戚收葬者百一二耳。地方官府聚尸烧埋，已不可万计。其余墙屋所压、灰土所覆、遐僻所遗、郊野所暴骨骼，犹在在是也。”[3]壬午即崇祯十五年，渔阳即指蓟州（今天津蓟州区），“冬十月”虽与《崇祯实录》的“十一月”有些差别，但二者所指显然是同一事件。清代方志难得收录这样一篇揭露满洲军队屠城罪行的碑文，堪称层层文网之下的一条“漏网之鱼”。

崇祯十七年三月十五日（1644年4月21日），李自成的大

[1] 《明实录·崇祯实录》卷十二，崇祯十二年三月壬戌、丙寅、戊辰。
[2] 《明实录·崇祯实录》卷十五，崇祯十五年十一月戊辰、癸酉、甲戌、乙亥。
[3] 李孔昭：《义冢碑记》，康熙《蓟州志》卷八《艺文·碑记》，第68页。

顺军“自柳沟抵居庸关”。柳沟本来有只需百人即可坚守的天堑，明军却并无防备，镇守居庸关的总兵官唐通和太监杜之秩开关迎降。十六日，大顺军攻克昌平，焚明十二陵享殿，传檄京师[1]。不久，镇守山海关的吴三桂降清，清兵随后入关占领北京。到清代，出居庸关或古北口的战争都发生在距离北京更远的外围，古代与北京周边长城有关的战事至此基本告终。

[1] 《明实录·崇祯实录》卷十七，崇祯十七年三月癸卯、甲辰。

北京市境内的长城关隘与附属的堡寨，在冷兵器时代发挥了巨大的防御与交通功能，保留到当代的完整建筑或残存遗迹已成为长城文化的物质形态，载入文献的关塞城堡名称也足以充当沟通古今的桥梁和纽带。

第六章　汉家锁钥惟玄塞

▲ 八达岭长城（高福美摄）

北宋文学家苏辙在元祐四年（1089 年）出使契丹，赋诗二十八首记录沿途见闻与行止。其中的《燕山》诗云：“燕山如长蛇，千里限夷汉。”[1] 历代在燕山一线修筑的长城，为这条横亘在北京以北的气候、民族、经济的南北分界线增加了人工标志，其中以明代在长城沿线构筑的防御体系最完整。现有调查数据表明，长城北京段地跨平谷、密云、怀柔、昌平、门头沟、延庆 6 区，总长大约 629 公里，其中主干线长 529 公里，支线长 90 公里，有 827 座城台（包括敌台、附墙台、战台）、71 座关隘（关口），整体走势呈现为比较连续完整的半环形。长城的走向以东西向与北西向为主，两个分布体系的结合点就在怀柔区旧水坑西南分水岭处。此地位于北纬 40°、东经 116°，今人称之为长城的“北京结点”。从这个结点开始，向东、西、

[1] 苏辙：《栾城集》卷十六《奉使契丹二十八首·燕山》，上海古籍出版社 1987 年版，第 396 页。

西北放射出三条长城主干。向东的长城以单条状为主，只在隘口附近出现环状、多条状的城体结构。向西的长城比较复杂，隘口附近构筑了多环状、多条状的城墙，在延庆盆地与北京平原之间还有两条互相平行的城墙，形成坚固的双重纵深防御体系。向西北延伸的长城主要为单条状，结构也比较简单。在长城主线两侧，还有一些延伸出的支线，一般长几百米至几千米。

长城限制了南北之间的往来，扼守山间孔道的大小关隘就具备了双重作用。闭关戍守时它像为长城加上的一把铁锁，明人诗中的“汉家锁钥惟玄塞”[1]正是此意。关隘大门开放时，它又像打开铁锁的一把钥匙，成为穿越高山阻隔、沟通南北交流的咽喉要道。玄塞，指北方边塞。玄武是古人用以代表北方的“四象”之一，北方的长城因此也被称作玄塞。汉家，通常指称以汉族为主在中原地区建立的政权，也用来指代被长城护卫的中原农业文明区域。北京市境内的长城关隘与附属的堡寨，在冷兵器时代发挥了巨大的防御与交通功能，保留到当代的完整建筑或残存遗迹已成为长城文化的物质形态，载入文献的关塞城堡名称也足以充当沟通古今的桥梁和纽带。

[1] 尹耕：《紫荆关》，《列朝诗集》丁集第二，第19页。

将军石边飞鸣镝

平谷境内的长城全长 60.5 公里，明代的关隘城堡最早设于洪武二年（1369 年）。

平谷以北 20 余公里的镇罗营，始称猪圈头营，设关后即称猪圈头关。嘉靖年间取威震北虏之意，营寨与关口改称镇虏营、镇虏关。到清代，因为民族心理而避讳某些地名用字，遂改“虏”为同音的“鲁”，后又按照近音写为“罗”。明清时期，这里属密云县境。《读史方舆纪要》：“镇虏营在墙子岭南三十里，有新旧两城。其东有渔子山堡，西北与熊儿峪相接，东入平谷县境。”[1]关城的东城原是洪武年间修建的土城，周长四里，万历年间改为砖石结构，设东、西、北三门。北门石刻匾额“镇虏营”一块，至今犹存。西城是嘉靖年间增修，石砌城墙周长 360 丈，设东、西二门。西门有石制匾额“北边雄镇”一块，门旁有嘉靖四十五年（1566 年）十月所立“题名录”石碑一通，镌刻督修西城的张应时、陈约、麻天爵等官员姓名，匾额和石碑今尚存。熊儿峪寨，或作熊儿谷寨，“谷”与“峪”通用。设于洪武二年（1639 年），由把总守卫，寨堡周长四里，今已圮废。

---

[1] 《读史方舆纪要》卷十一，第 516 页。

将军石关、黄松峪关、彰作里关，始建于永乐二年（1404年），隆庆三年（1569年）在戚继光主持下重修。将军石关亦称将军关，位于将军关村西北，靠近长城处的一块6米高巨石，被称为“将军石”，关口即以此为名。明代设都司驻守，打退来犯之敌数次进攻，成化元年（1465年）参将王杞在石上刻写“将军石”。关左右各有墩堡一座，东侧山岗设关城，周长30丈，建城楼三座，城下有屯兵营寨。城楼、墩堡、营寨早已拆毁，但将军石尚存。

黄松峪关在平谷东北黄松峪村西北隅，以处在山上生长黄松树的谷口得名，亦作黄松谷关。《读史方舆纪要》：“黄松峪关在县东。又东与密云县将军石关相接。关北为熊儿峪关，又西为熊儿峪营。今边界分属密云，而其地则逼近县境。”[1]明代城垣周长320丈，砖石结构，设南北二门，由把总戍守，正关水口两侧建空心墩堡一座。今遗址已无存。彰作里关在平谷东北彰作村东，明代有关门一座，设垛口、墩堡，并派兵戍守，今建筑已不存。黄水峪关位于平谷东北张家台村，或作南水谷关，明成化年间设，今3座敌楼完好，并残存一段长城和烽火墩。北水峪关，亦作北水谷关，位于平谷东北的北水峪村西、南水峪关以北，始建于成化年间，今已被洪水冲毁。《明孝宗实录》：弘治七年（1494

[1] 《读史方舆纪要》卷十一，第529页。

▲ 镇罗营匾额（现存上宅博物馆）

▲ 将军石

年）八月，“整饬蓟州等处边备都御史屠勋奏：故猪圈头关，平漫难守。关之北三里曰北水谷，南八里曰南水谷，成化中各因山增设。二关，险要可守，但区画未备。请于二关内加修城垛，增墩堡，摘守关官军分守其中，因耕其隙地以足军食。兵部覆奏，从之”。[1] 这是成化年间设置关口、弘治七年再次增修的准确记录。按屠勋所说，若猪圈头关在北水谷与南水谷之间且地势比较平坦，其地当在今上窑村一带。但镇罗营原称猪圈头营，建关后即称猪圈头关，东北去北水峪、东南去南水峪均为 12 公里，这样看来，屠勋对“故猪圈头关”的定位可能有误。

密云雄关数古北

密云境内的长城全长 207 公里，关隘险峻处以司马台、金山岭、古北口、墙子路、鹿皮关、白马关等最著名。根据以往的初步调查，敌台保存较好的有 195 座，残破的 127 座，只有基础或残址的 246 座。

司马台长城以险峻闻名，全长 19 公里，位于司马台关（汤河口关）东西两侧，密云东北部古北口镇境内。关城建于明洪武年间，1977 年修建水库时淹没。《昌平山水记》：“自潮河川

[1] 《明孝宗实录》卷九十一，弘治七年八月癸亥。

而东二十里为司马台。有城，二门，提调一人守之，其东南有将军台堡。”[1]司马台长城独具“险、密、奇、巧、全”五个特点，是我国唯一一段保留明代原貌的古长城。现存35座敌楼，依然是戚继光督建时期的模样。每两座敌楼间距离一般为100 ~ 200米，最短距离43.8米。城墙有单面、双面、梯形之分，敌楼有单层、双层、三层、扁形、圆形、拐角形、两眼、三眼、四眼、六眼、二十四眼等外形，内部结构有砖、砖木、砖石之别。长城以司马台水库为界分为东西两段，东段长城的奇妙之处在于“险”，似巨龙盘伏在绝崖峭壁上。陡立的山峰一侧绝壁，号称“天梯”，倾斜85度，几近直立，下临悬崖，宽仅容脚，且无扶手，长约百米，左右两侧是900米的深渊。此处只能四肢爬行而过，不免令人战栗。爬过“天梯”，可以欣赏到最有特色的两座敌楼：“仙女楼”长年在云中若隐若现，汉白玉石拱门有并蒂莲花浮雕，为万里长城所仅有；“望京楼”海拔986米，是北京文物中的最高点。

金山岭长城位于北京密云与河北滦平交界处，以修筑在大小金山上得名。西起龙峪口，东止望京楼，长约10公里的沿线分布着67座敌楼，一般每隔50 ~ 100米一座，为砖木或砖石结构，有单层、双层、平顶、穹隆顶、船篷顶、四角和八角攒尖顶等式

[1] 顾炎武：《昌平山水记》卷下，北京古籍出版社1980年版，第36页。

▲ 密云司马台长城（王斯羽摄）

▲ 密云金山岭长城（吴文涛摄）

样。此外还有 2 座烽火台和 5 处关隘。城墙以长条巨石为基础，墙体青砖包砌，内填夯实的黄土和石灰，顶部方砖铺面，高 5 ~ 8 米，部分地段还修筑了高约 2.5 米的障墙。敌楼的砖脊上，有“古北口路造”“墙子路造”“万历六年山东左营造”等印模文字，显示了修筑长城的时间与军队来源。考古工作者在此掘出两块隆庆四年（1570 年）的石碑，上有名将戚继光、谭纶、刘应节以及戚继光之弟戚继美的名字，显示金山岭应是蓟镇防线的“总台”，即指挥机关所在地。

古北口位于密云东北大约 45 公里，处在卧虎山、盘龙山之间，潮河水穿过山谷向南流，两岸悬崖耸立，堪称北京的东北大门。北齐始筑长城，唐代在此设立北口守捉，历史上经由古北口发生的战事不胜枚举。明洪武十一年（1378 年）徐达修建古北口关城，在山顶之上随势起伏，周长 2000 多米，设东、北、南三门，至今保存完好。戚继光担任蓟镇总兵时，古北口的险要地位进一步加强。时人蒋一葵称：“本朝都燕，地切穹庐，山海、居庸东西两关屹若门户，而古北口控两关中，崖壁崎峭，道路扼隘，距都城不二百里，尤为锁钥重地。”[1] 关城以北 2.5 公里是正关——铁门关，铁门关以西的潮河之上有水门关，潮河川口有潮河关，铁门关以南有潮河营城，它们既与东西两侧的长城呼应，自身又

[1] 蒋一葵：《长安客话》卷七《关镇杂记》“古北口”条，北京古籍出版社 1994 年版，第 153 页。

构成了一个坚固的防御体系。明朝放弃大宁卫之后，古北口的交通和军事地位越发重要。顾炎武评论说："自昔大宁之建，东臂辽东，西肘宣府，为边数千里，益斥狄人于漠北，而檀蓟皆在内地。大宁弃藩封，徙军卫。更于是，宣、辽之路中绝，而古北、喜峰为外边；畿辅之间，骚然多事矣。"[1]明成祖放弃大宁一线边防，相互呼应的宣府与辽东彼此隔绝，原本受到"外边"保护的古北口与喜峰口变为直接面对强敌的"外边"，北京周边地区由此进入多事之秋。

墙子路在明代是密云以东35公里的一座营城，地点即今墙子路村，初建于洪武年间。蓟镇守卫长城的军队分为东、中、西三"协"，西协以石匣为中心，下辖墙子岭、曹家寨、石塘岭、古北口"路"，墙子岭因此亦称墙子路。墙子岭关亦称墙子路关，在古北口东南，今墙子路村东1.5公里的关上村，建于洪武年间，扼守着密云与今河北兴隆县交界处的清水河谷，城郭大体为长方形，周长约二里，置东、西、南三门，砖石结构的城墙高约二丈五尺、宽约三丈，北墙随山势呈半圆形。万历三年（1575年）重修了城池，今存部分北墙，门额汉白玉石匾上有万历四十五年（1617年）刻写的"墙子雄关"四字。嘉靖二十四年（1545年），蒙古朵颜部二十万骑从墙子岭溃墙而入，大掠通州及顺义、三

[1] 《昌平山水记》卷下，第36页。

▲ 墙子路“墙子雄关”门额

河诸县。四十二年（1563 年），俺答由此再度入犯。崇祯十一年（1638 年）九月，清兵进攻墙子岭，总督蓟辽兵部侍郎吴阿衡战死。

白马关，位于密云东北深山区，冯家峪镇以北 15 公里，建于万历年间，白马关河穿关南流。《读史方舆纪要》："白马关在石塘岭东北四十里，东去潮河川九十里，有城，有水关。其东有陈家峪堡，亦曰陈家峪关。又有吊马峪关，南有冯家峪堡。《边防考》：白马关相近有高家堡。万历中，朵颜犯石塘岭，攻白马关及高家堡，官军御却之。关北七十里有汤河，又北百里为满套儿，极冲也。自汤河上梢正南行，顺白河至石塘岭，可二百里。山恶水深，称为天险。"[1]关口内外设二道边墙，今有公路通过。关外边墙（二道边）仅公路东有小段残坍城墙，公路西有较好的砖墙。内侧边墙（一道边）是白马关主体长城，关口东侧为尖山峭壁无墙，西侧砖墙至断崖处，已经被拆。关城堡大部坍毁，部分南墙和砖砌券拱城门保存稍好，门额题"白马关堡"。

石匣营，在密云东北 30 公里。《读史方舆纪要》："营西有石如匣，因名。旧有石闸驿，在县南里许，宣德四年（1429 年）徙于此。弘治十七年（1504 年）筑城，周四里有奇。自是

[1] 《读史方舆纪要》卷十一，第 515 页。

增兵置守，益为要地。自石匣东北行十里，为腰亭铺，始入山。又十里为新开岭，又十里为老王店。《金史》：贞祐二年，潮河溢，漂古北口铁裹门关至老王谷，即此。又十二里至古北口，水浅则涉潮河，水大则纡回从山顶行，故石匣至古北，计程为六十里。”[1]

石塘岭关位于密云北20公里石塘路村。《四镇三关志》：“永乐年建，正关河口宽漫，通众骑，极冲。”[2]《昌平山水记》称：“白马关西南四十里为石塘岭，距密云四十里。城周二里一百四十五步，四门，参将一人守之。”[3]嘉靖年间设广盈仓，改石塘岭关为石塘路，属于蓟镇之下“四协”之一。

密云境内的明代关隘和营寨，还有曹家寨（曹家路）、黑峪关（黑谷关）、磨刀峪关、鹿皮关等。顾炎武记载：“曹家寨，距密云九十里。城周六里三十六步，三门，复筑新营，附城之西，二门，游击一人守之。其东有黑峪关堡，有水关，守备一人守之。”墙子岭“东北有磨刀峪堡、小黄崖、大黄崖堡，有水关。”[4]黑峪关建于洪武年间，城为石筑，今东墙坍塌严重，北墙砖砌拱洞尚存。关东南有砖砌长城，大部分保存较好。鹿皮关位于密云以北

[1] 《读史方舆纪要》卷十一，第516页。

[2] 刘效祖：《四镇三关志》卷二《形胜考》，《四库全书》影印明万历四年刻本，第70页。

[3] 《昌平山水记》卷下，第36页。

[4] 《昌平山水记》卷下，第37页。

20公里，北通河北丰宁，西北与怀柔接壤，白河流经关下。这里的长城始建于北齐天保年间，明万历年间增修敌楼等。关外约500米东山崖壁间刻着两条白线，俗传是北宋名将杨六郎为震慑敌军将宝剑插在石壁上所致，历史上的杨六郎自然并未到过这里。

慕田峪连黄花城

怀柔境内长城全长63公里，其中大水峪至九孔楼36公里，庄户火石山至西水峪口27公里，关隘以慕田峪、黄花城等最为著名。这段长城沿线共有城台241座，包括保存较好的98座，破残的103座，仅留存基础或残址的40座。

慕田峪关，位于怀柔西北13公里慕田峪村东。《四镇三关志》称："慕田峪关，永乐二年建。正关迤西王家驼至界牌石，各墩空。俱平漫，临大川，通众骑，极冲。余通步，缓。"[1]这里的"冲"，指地理位置极为紧要、必须加强防守之处；"缓"则指防守形势相对缓和之所；"通步"的意思是可以通行步兵但骑兵难以经过；"各墩空"即长城设在这些地段的烟墩所在地，已经修建了便于隐蔽击敌的空心敌台。慕田峪长城敌楼密集，从慕字一台（大角楼）

[1]　《四镇三关志》卷二《形胜考》，第72页。

至慕字四台（正关台），不到500米就有4座敌楼；从慕字一台至慕字二十台，3000米之内的敌楼、敌台、墙台、铺房多达25座。正关台建在两峰之间的低凹处，由三座通连并立的空心敌楼构成，每座敌楼之上有一座望亭，关门设在关台东侧而不是正中，建筑方式颇为罕见。内外两面都筑了垛口墙，便于守城将士对敌作战。《四镇三关志》记载："嘉靖二十二年（1543年），西虏犯慕田关、贾儿岭地方，官军御却之。"[1]

慕田峪长城东连古北口、西接八达岭，城墙以花岗岩条石砌成，有牛角边、慕田峪正关台、正北楼、擦边过、箭扣、天梯、鹰飞倒仰、十八蹬、鹞子峪城堡等险关要塞，至今尚存垛墙、警门、古兵站、铁炮、石雷、古石臼、古石碾等。正关台西北侧的"牛角边"或称"牛犄角边"，由山腰通达山顶的一处敌楼，随之又向下折回山腰，形态酷似牛角，有效地控制了山岭的制高点。"牛角边"西侧的"鹰飞倒仰"，是在悬崖峭壁上修建的城墙，坡度多在50度上下甚至接近90度。箭扣长城大多保持着自然状态，以险峻著称。

黄花城，位于怀柔西北26公里，处在古北口、居庸关、四海冶之间，是号称"京师北门"的极为紧要之区。明景泰四年（1453年）始建黄花镇城，是蓟镇黄花路指挥机关驻地。《读史

[1] 《四镇三关志》卷十《夷部考》，第541页。

▲ 慕田峪关城（选自《北京市怀柔县地名志》）

▲ 黄花城

▲ 箭扣之险

▲ 箭扣长城

方舆纪要》写道："黄花镇，（昌平）州北八十里有城，元置千户所于此。当居庸、古北二关之中，北连四海治，拥护陵寝，为京师后户。城西有垣，一重曰头道关，二重曰二道关。关之西南一里，曰撞道口堡。又西为鹞子峪堡、西水峪堡，堡西即八达岭也。《志》云：镇西三十七里曰枣阳寨，又西三十里为灰岭口，又西十八里曰雁门口，又西五里曰德胜口，又西三十七里则居庸关也。自镇而西，凡十一口至居庸，而灰岭口极为冲要。"[1] 由于黄花城乡驻地 1986 年从黄花镇迁到了西北 1 公里的东宫村西，黄花镇西北的头道关、二道关位于今黄花城乡驻地接近正北的方向。头道关的砖券拱门洞、二道关的门洞和城堡尚存，关之西有撞道口、鹞子峪、西水峪等六座城堡。

黄花镇口（即头道关）西侧石壁上，有明代镌刻的楷书阴刻"金汤"二字，每字接近 2 米见方。数百年的岩石风化已使题款渐趋漫灭，至今依稀可辨其上款有"万历己卯春"、下款有"金陵吴臣书"字样。由此可见，题字与镌刻的年份是万历七年（1579 年），至 2020 年已有 441 年之久。书写者"金陵吴臣"无疑是今江苏南京人，但其生平事迹渺无所踪，或许是一位精于书法但功名不著的饱学宿儒。

撞道口，位于怀柔西北 28 公里撞道口村北山梁上。城堡始

[1] 《读史方舆纪要》卷十一，第 508 页。

▲ 摩崖刻石“金汤”（选自《北京市怀柔县地名志》）

▲ 撞道口（选自《北京市怀柔县地名志》）

建于永乐二年（1404 年），是明代黄花路所辖的冲要之地。万历五年（1577 年）加高加宽附近长城，南面关门安装石刻匾额“撞道口”，落款署名“钦差守备黄花镇地方、以都督指挥体统行事、指挥佥事刘勋，万历五年季春吉日鼎建”，北面关门安装石刻匾额“镇虏关”，落款署“万历五年季春吉日鼎建”。那里的关门砖砌券拱门洞尚存，依然是南北进出的孔道。

大水峪关，位于怀柔东北 15 公里大水峪村西北。《四镇三关志》云：“永乐年建，通川谷。正关口并东山崖通单骑，冲；余通步，缓。”[1] 城堡在关西南一里，南北 250 米，东西 200 米，开东、南、西三门，属蓟镇石塘路管辖。《读史方舆纪要》说：“大水峪关，县东北三十里。北去密云县之石塘岭四十里，有城。旁地平坦，贼骑易入。其北十八里曰段伏岭。又有安子岭在口北八十余里，皆防御处。《志》云：大水峪西北有西石城、东水峪二堡，南有神堂峪堡，皆有官军屯守。”[2] 大水峪关门与附近平缓处长城，今已无存。

亓连口关，位于怀柔西北 14 公里莲花池村南 0.5 公里，建于明永乐年间。《四镇三关志》称：蓟镇疆域“东自山海关，连辽东界，西抵石塘路亓连口，接慕田峪昌镇界，延袤一千七百六十五里”。“亓连口关，永乐年建，通大川。正关水

[1] 《四镇三关志》卷二《形胜考》，第 70 页。

[2] 《读史方舆纪要》卷十一，第 511 页。

口宽漫，通众骑，极冲。”[1]《读史方舆纪要》：“亓连口关在县北，黄花镇东第十一关口也。其东北二十八里有三角城，本名三角村，徐达败虏于此。”[2]这里是明代蓟镇石塘路最西端的关口，军事上的必争之地。亓连口关城在1958年修公路时拆除，南侧一里的城堡则在1967年加宽范崎公路（范各庄至崎峰茶）时被占去大半。

河坊口关，今作“河防口关”，位于怀柔东北13公里。《四镇三关志》：“河坊口关，永乐年建，通大川。宽漫，通众骑，极冲。”[3]《读史方舆纪要》：“河坊口关，在县东北，亓连口东第二关口也。口外为连云栈。又北为沙岭儿，隘窄不能容马，防守较易。”[4]城堡南北250米，东西160米，开南门，门额题“河防”二字。1953～1963年间，城堡及关口附近的长城被拆毁，但匾额尚存。

擦石口，位于怀柔西北20公里沙峪北沟村与庄户村交界处。沙峪北沟通往关口，途中的大石湖是一处宽不足3米的石凹，人马与流水至此都需擦石而过，故名擦石口。《四镇三关志》称：“擦石口，嘉靖二十三年建，通步，缓。”[5]关口已废，尚有遗迹。

[1] 《四镇三关志》卷二《形胜考》，第70页。
[2] 《读史方舆纪要》卷十一，第511页。
[3] 《四镇三关志》卷二《形胜考》，第70页。
[4] 《读史方舆纪要》卷十一，第511页。
[5] 《四镇三关志》卷二《形胜考》，第72页。

沙峪北沟内的9处明代摩崖石刻，在1984年列为县级保护文物，嗣后又发现了2处。其中包括怀埜书“观澜”“天限华夷”；李逢时万历十四年（1586年）书“秦皇旧址”“万历壬寅春”及“苍岩翠柏”；少山书“名关”“如堆”，落款难辨的“亟关逊险”等。李逢时，字化甫，山东德州人，官至湖广道监察御史、山西布政使等。隆庆、万历间戚继光守卫蓟镇时，李逢时任昌镇左车营参将，“秦皇旧址”即题于这个时期。万历壬寅（1602年）再度题字时，他至少应是八十来岁的老者了。此地的长城自然不是秦长城，题作“秦皇旧址”是人们最容易把长城与秦始皇联系在一起所致。“天限华夷”与苏辙“燕山如长蛇，千里限夷汉”[1]的诗句异曲同工，是燕山长城一向作为自然与人文分界线的反映，题字者“怀埜”以及“少山”不知确系何人。“亟关逊险”，意为世间最险峻的关口都要比此处逊色。

擦石口堡在沙峪北沟村内，南北150米，东西70米，开南门。庄户村有残碑一通，碑文如下：“万历二十七年，春防河大营军夫陆百肆拾玖名，分修黄花路渤海所擦石口地方，东接主兵城尾，西至旧城止，修一条边墙，长壹拾叁丈。”明代防守长城边塞与昌平皇陵的军队，分为春班、秋班，按期轮番替换，他们履行的职责就是“春防”与“秋防”。例如，“隆庆三年题准：长陵等

[1] 苏辙：《栾城集》卷十六《奉使契丹二十八首·燕山》，第396页。

▲ 沙峪北沟明李逢时书“秦皇旧址”石刻（岳升阳摄）

卫防守黄花镇官军一千名。今后，秋班八月初一日上边，至次年四月终下班。春班二月初一日上边，至本年十月终下班。每年上边九个月，休息三个月”[1]。庄户村的残碑表明，万历二十七年（1599年）执行春防任务的春班士兵，出动679人承担了擦石口附近13丈长城的维修工程，这是明代长城被持续修补完善的典型例证。

磨石口关，位于怀柔西北22公里云岭村东北响水湖沟口处。《四镇三关志》记载：“永乐二年建。二道关并东山墩、空水口，通众骑，极冲。”[2]关口有瓮城，形成内外两道城墙，故有“双关子”之称，晚近修建边坑水库时已拆毁。堡城在关口南一里余，已废。堡城西南、庄户沟（怀沙河上游）北岸，有摩崖石刻“天设金汤”，长宽各约80厘米。上款题“明万历戊寅秋”，即万历六年（1578年）秋；下款题“灵宝许茂杞勒”。他出身河南灵宝县的名门望族，《明神宗实录》记载，万历四年（1576年）六月“改神机三营游击毛策于大同，密云奇兵营指挥佥事许茂杞充辎重营游击”[3]，此时已在戍守长城的军队中任职。两年后题写“天设金汤”时，许茂杞任昌镇游击都指挥佥事，应是巡视军务至此乘兴而书。

---

[1] 申时行等：《大明会典》卷一百二十九《镇戍四》，《续修四库全书》本，第308页。

[2] 《四镇三关志》卷二《形胜考》，第72页。

[3] 《明神宗实录》卷五十一，万历四年六月丙戌。

大榛峪口，位于怀柔西北 23 公里贾家村北。《四镇三关志》称：“大榛峪口，永乐年建，通四海冶本口。通步，缓。”塞外蒙古各部南侵，路径之一就是“由四海冶城北入东山峪，东过皂角石，南犯大榛峪、驴鞍岭”[1]。关南一里处有城堡，今已废。关门为砖券拱门洞，至今仍存，可通车马行人。关口一带的长城制高点叫作“西大楼”，有断裂石碑一通，于万历四十二年（1614 年）九月立，记载了修筑长城的将领姓名与边墙空心敌楼的建筑尺寸。另有一通石碑散落在长城上，于万历四十三年四月立，这些都是明代加强长城防务的历史见证。

鹞子峪口，位于怀柔西北 29 公里鹞子峪村西端。《四镇三关志》称：“鹞子峪口，嘉靖二十三年建，宽漫，通众骑，极冲。”[2]《西关志》记载，这里有“正城一道，城楼一间，水门一空。稍墙二道，敌台二座”[3]。隘口西南 400 余米，有烽火台一座。隘口东侧城堡建于万历二十年（1592 年），南墙长 102 米，北墙长 91 米，东西墙长 75 米，开南门，汉白玉石门额书写“鹞子峪堡”四字，1984 年被列为县级文物保护单位。

贾儿岭口，位于怀柔西北 16.5 公里，营北沟村与西棚子村交

[1] 《四镇三关志》卷二《形胜考》、卷十《夷部考》，第 72、540 页。

[2] 《四镇三关志》卷二《形胜考》，第 72 页。

[3] 王士翘：《西关志》之《居庸关》卷一《城池》，北京古籍出版社 1990 年版，第 24 页。

界处。《四镇三关志》称："贾儿岭口，嘉靖十五年（1536年）建。界牌石迤西，安宁台、大管仲渠两口安至德胜堂。通步，缓。"[1]管仲渠，今名石岭。德胜堂，应为德胜台或德胜口。贾儿岭堡在营北沟村南一里，南北65米，东西45米，开南门，今已毁。烧制城砖的砖瓦窑尚存一座。隆庆六年（1572年）程九思撰《纪功题名》碑载：隆庆三年（1569年）三月十三日起至六年九月止，修过的长城工程包括"贾儿岭口：空心敌台十座，楼房三十间。官厅六间，铺房一百八十九间。官厅营房六十七间"。

西水峪口，位于怀柔西北29公里西水峪村北，以地处黄花城西侧山谷得名，是区内位置最靠西边的长城关口。《四镇三关志》记载："西水峪口，永乐年建，通永宁南山谎炮儿并韩家川，通众骑，极冲。"[2]堡城在关口南200米，南北长100米，东西宽46.4米，开南门。1974年修建水库时拆除了关口，但两侧山梁上的砖砌长城保存完好。

居庸险在八达岭

居庸关与八达岭是古代北京西北的重要屏障，二者共同构成了一个完整的军事防御体系。今天位于昌平城西北15公里处的

[1] 《四镇三关志》卷二《形胜考》，第72页。
[2] 《四镇三关志》卷二《形胜考》，第72页。

居庸关，是历史上经过两次变动之后形成的关城。北魏郦道元《水经注》记载："湿馀水（即灅馀水）出上谷居庸关东。关在沮阳城东南六十里居庸界，故关名矣。……其水导源关山，南流历故关下，……南则绝谷，垒石为关垣，崇墉峻壁，非轻功可举。"[1]秦代沮阳县是上谷郡的治所，县城在今河北怀来县东南的大古城。北魏废除沮阳县的具体年份不详，即使是在郦道元生活的时代之前，曾经作为县治的城邑仍可称作沮阳城，《水经注》的沮阳城理应就是秦代以后的沮阳县治所。根据历史地理等方面的考察，北魏之前的居庸关应在今延庆八达岭。大约在北齐至元代，居庸关移到延庆东南 17 公里的上关城，明洪武元年（1368 年）又移到上关城以南 4 公里的今居庸关所在地。换言之，"居庸关"这个名称在历史上所指代的关塞，也就是居庸关城所在的地点，经历了从今天的八达岭到上关再到居庸关，逐渐从西北向东南推进的变化过程。

从延庆八达岭脚下的岔道城到昌平南口，长 20 多公里的山谷之所以被称为"关沟"，就是由于其间有控扼天险的居庸关。自西北向东南依次有四座关城：

（1）八达岭关城：位于延庆东南 12 公里西拨子乡境内，居庸关西北。这里是先秦至北齐之前的居庸关所在地，汉代亦称军

[1] 《水经注》卷十四《湿馀水》，第 275 页。

都关，元代以此作为居庸关的北口。明弘治十八年（1505年）修建八达岭瓮城，与居庸关以南的昌平南口相对应，亦称北口关城。《西关志·居庸关》记载："八达岭，在关北三十里。其城上跨东西两山，下当两山之冲。高二丈五尺，厚一丈，长六百八十丈。南北城门城楼二座，敌楼二座，城铺二间。护城东山平胡墩一座，西山御戎墩一座。弘治甲子秋七月，经略边务大理寺右少卿吴一贯规画创立，逾年告成。至今每遇春秋，守关者率兵于城外挑掘偏坡、壕堑以防备虏寇。隆庆卫地方，外口尤为紧要，失此不守，则居庸不可保矣。"[1]由此可见，八达岭是居庸关最关键的外围屏障。八达岭关城的轮廓是从东南向西北延伸的不规则的四边形，南关（东南门）题额"居庸外镇"，为嘉靖十八年（1539年）巡按监察御史陈豪书写；北关（西北门）题额"北门锁钥"，为万历十年（1582年）总督蓟辽保定军务兵部尚书吴兑、巡按直隶监察御史敖鲲立。

隆庆三年（1569年）至万历元年（1573年）期间，八达岭段的土筑边墙被改为砖石结构，城墙平均高约8米，墙基宽6.5米，以每块重达半吨以上的花岗岩条石筑成，顶部宽5.8米，可容十路士兵、五匹战马并行，敌台、垛口、券洞、烽火台等设施完备、布局严整。八达岭，便是取此地道路四通八达之意为名。

[1] 《西关志》之《居庸关》卷一《城池》，第22页。

▲ 居庸外镇

▲ 北门锁钥

或认为是元代以蒙古语命名，但是，远在此前的金朝大定二十年（1180年），豳王府记室刘迎随同金世宗从中都城到凉陉（在今河北沽源县境内）避暑，途中即有《晚到八达岭下，达旦乃上》和《出八达岭》等诗[1]，足证其名源于蒙古语之说大谬不然。另有“据说”出自元代乃至清代的民族名称或人物名称的谐音，或称源于明末李自成到此征战的传说，这些向壁虚构、本末倒置的臆说当然更不值一驳。还是明代蒋一葵说得明白：“四海冶西至岔道一百四十里，出居庸关，北往延庆州，西往宣镇，路从此分，故名八达岭，是关山最高者。”[2]海拔1015米的八达岭，是居庸关的前哨与最高点，周围的关城都在它脚下，因此在明代就有“居庸之险不在关城而在八达岭”之说[3]。

（2）上关城：位于昌平南口镇与延庆西拨子乡交界地带，处在八达岭关城东南7.5公里、居庸关城西北4公里，是北齐到元代的居庸关城所在地，北齐亦称纳款关。明永乐二年（1404年）重修。《西关志·居庸关》记载：“上关门，在关城北门外八里。其城上跨东西两山，下当两山之冲，为堡城。周围二百八十五丈，南北城门城楼二座，敌楼一座，偏左为东、西水门各一空。护城墩，

[1] 元好问编：《中州集》卷三《刘记室迎七十五首》，中华书局1959年版，第117页。

[2] 《长安客话》卷八《边镇杂记》，第162页。

[3] 《西关志》卷首《居庸图论》，第6页。

东山二座，西山二座。烽堠一十二座。隆庆卫地方，里门紧要。”[1]清末关城被毁，现有遗址尚可辨认。

（3）居庸关城：即今居庸关。明洪武元年（1368 年），徐达鉴于上关城不能屯驻重兵，选定南面距此八里的长坡店，创建了新的居庸关城。《西关志·居庸关》载：“洪武元年，徐达、常遇春北伐燕京。元主夜出居庸关北遁，二公遂于此规画建立关城，以为华夷之限。周围一十三里有半、二十八步有奇。东筑于翠屏山，西筑于金柜山，南北二面筑于两山之下。各高四丈二尺，厚二丈五尺。南北各设券城，重门二座，城楼各五间，券城楼各三间。水门各二空，南城西水门闸楼三间。四面敌楼一十五座，共城楼五十七间。关城外，南北山险处，共筑护城墩六座，东南、西南各一座，东北二座，西北二座。烽堠墩一十八座。”[2]居庸关城及烽堠墩台屡遭洪水等灾害破坏，多次进行规模不等的维修。明中期发生的“土木之变”凸显了居庸关的军事价值，景泰六年（1455 年）六月“修居庸关城毕功。命工部造碑、翰林院撰文，刻置关上，以纪其迹”[3]。今存居庸关的门额题记，南门刻有“景泰伍年捌月吉日立”，北门刻有“景泰伍年伍月吉日立”。所刻的日期应是此次维修居庸关城的开始年月，经过一年左右才得以

[1] 《西关志》之《居庸关》卷一《城池》，第 22 页。

[2] 《西关志》之《居庸关》卷一《城池》，第 21 ～ 22 页。

[3] 《明英宗实录》卷二百五十四，景泰六年六月己丑。

▲ 八达岭关城内部（高福美摄）

▲ 上关城遗迹（选自《昌平文物志》）

▲ 云台雕塑

▲ 居庸关长城与云台

▲ 元代居庸关云台

竣工。

居庸关城的中心地带有著名的元代遗存建筑——云台，它是元顺帝至正二年到五年（1342 ~ 1345 年）在永明寺以南修建的一座过街塔的基座，上面原有三座喇嘛塔。元明之际三塔被毁，只剩基座，徐达修筑居庸关城后即被圈入城中。明正统四年（1439 年）朝廷利用云台基座另建泰安寺，清康熙年间佛殿毁于火灾，再度仅剩汉白玉的基座，1961 年被列为全国重点文物保护单位。云台的券门和券洞布满精美绝伦的浮雕，包括藏传佛教的天神、动物、龙、云等造型，还有以梵、汉、蒙、藏、维吾尔、西夏六种文字阴刻的《陀罗尼经咒》等，具有极高的宗教、雕刻、历史、语言文学价值，是藏传佛教在元代蓬勃发展的见证。

（4）南口城：位于昌平西北 10 公里，居庸关以南 7.5 公里。这里扼守着居庸关在关沟东南方向的出口，故称“南口”或“居庸南口”；又因地势低于作为居庸北口的八达岭，亦被称作“下口”或“居庸下口”，北朝时期的“幽州北夏口”也指此处。北魏孝昌元年（525 年）杜洛周在燕州举兵起义，朝廷令幽州都督元谭“西至军都关，北从卢龙塞，据此二险，以杜贼出入之路”，不久“都督元谭据居庸下口”[1]。军都关是居庸关的别称，以汉

[1] 《魏书》卷八十二《常景传》，第 1804 页。

代位于军都县境内而得名，其地即今延庆八达岭。居庸下口，即今昌平南口。南口城建于明永乐二年（1404年），《西关志·居庸关》载："南口门，在关城南一十五里。其城上跨东西两山，下当两山之冲，为堡城。周围二百丈五尺，南北城门城楼二座，敌楼一座，偏左为东西水门各一空。护城东山墩一座，西山墩三座，烽堠九座。隆庆卫地方，里口紧要。"[1]南北城门额，俱题"关南锁钥"。崇祯十二年（1639年）南口城重修，清雍正十二年（1734年）再次修葺。今城堡已毁，南城部分城墙和门洞尚存，1985年被列为县级文物保护单位。

先秦时期属于燕国的居庸塞，即今延庆八达岭，汉代以后大多称作居庸关。对于"居庸关"的语源问题，当代不乏因为秦始皇征发修长城的"居庸徒"到此而得名之类的谬说。事实上，战国末期吕不韦召集门客编纂的《吕氏春秋》，在《有始览》一篇中已经指出："何谓九塞？大汾、冥阨、荆阮、方城、殽、井陉、令疵、句注、居庸。"[2]居庸塞就是居庸关，"塞"是指天然的险要屏障，"关"指守卫险要的处所，在这个意义上二者并无太大区别。显然，在秦国的势力尚未到达居庸塞时，这里早已是天下闻名的关口，否则，秦始皇平定六国之前编纂的《吕氏春秋》，也不会把它列入天下"九塞"之一。这就证明，居庸关的得名与

[1] 《西关志》之《居庸关》卷一《城池》，第21页。

[2] 《吕氏春秋》卷十三《有始览》，中华书局影印《诸子集成》本，第125页。

秦始皇毫无关系。

把居庸关的得名与秦始皇修长城联系在一起，迄今所见最早出自元代。王恽《中堂事纪》称：蒙古中统二年（1261 年）三月七日，他在卯刻即早上 5 至 7 时，“出居庸关。世传始皇北筑时居庸徒于此，故名”[1]。他所记载的传说自然与史实不符，今人所谓“取‘徙居庸徒’之意得名”更是逻辑不通。即使这些被征发到居庸关修长城的人被称作“居庸徒”，也应当是因为他们的目的地是早已存在的“居庸关”才可能得到这样一个泛称，而不是先把他们叫作“居庸徒”然后才据此命名了“居庸关”。

关于“居庸”的语义，我们可以从先秦古籍中找到确切解释。《周礼》记载：“司勋，掌六乡赏地之法，以等其功。王功曰勋，国功曰功，民功曰庸，事功曰劳，治功曰力，战功曰多。”[2] 周代由司勋负责按照功绩的等级和类型决定赏赐田地的数量，“庸”是对民众有好处的一类功劳的统称，就像上古时代教给民众种庄稼的后稷所建立的功劳一样。《国语》记载，晋卿韩厥年老力衰，打算让长子无忌继任。无忌向国君推辞说：“臣闻之曰：

[1] 王恽：《秋涧集》卷八十《中堂事纪上》，商务印书馆影印《文津阁四库全书》本，第 388 页。

[2] 《周礼·夏官·司勋》，《黄侃手批白文十三经》本，第 80 页。

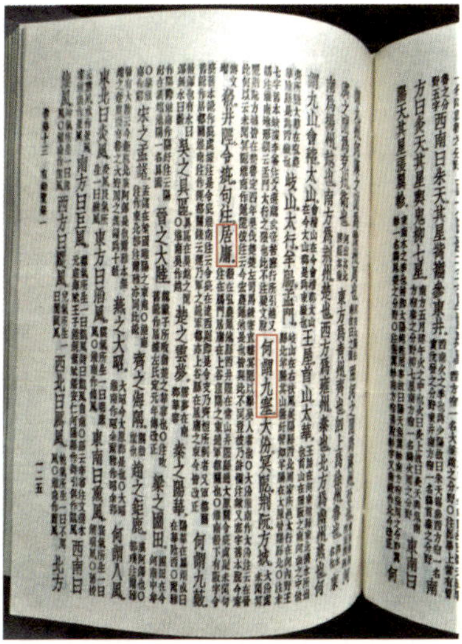

何謂九塞

居庸

▲《吕氏春秋》书影

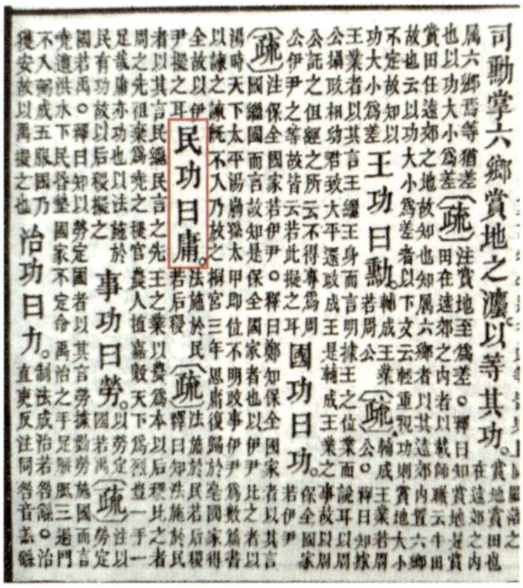

司勳掌六鄉賞地之灋以等其功。王功曰勳。國功曰功。民功曰庸。事功曰勞。治功曰力。

▲《周礼》书影

无功庸者，不敢居高位。”[1]他表示自己没有建立对国家、对百姓有益的功劳，所以不能担当如此之高的官位。由此引申开来，“居庸”就是“处在能够建立庸功的位置”之意，或者解释为“担当建立庸功的职责”。“居庸关”之名意味着这里是镇守者能够为民众建立功业的关口，或者说这里是肩负着为百姓建功立业职责的人镇守的关口。这样的解释既符合古代礼制的要求以及相关史实，地名语义也体现了对镇守关塞者的期望和赞美，进而显示了居庸关在军事上的重要地位。

除了居庸关与八达岭之外，昌平的长峪城、白羊城，万寿山明帝诸陵的灰岭口等十处隘口，明代属昌平州、今属河北怀来县的镇边城、横岭城；延庆的柳沟营、岔道口、靖胡堡、黑汉岭堡、周四沟堡、刘斌堡、四海冶等，也是各自境内著名的城堡所在。它们有些即使不与长城相接，也仍然是长城军事防御体系的组成部分。

长峪城，位于昌平西南 29 公里，明长城以南 5 公里，分为旧城与新城。《西关志》记载：旧城“正德十五年创立。堡城一座，东西跨山。其城上盘两山，下据两山之冲，为堡城。高一丈八尺，周围三百五十四丈。城门二座，水门二空，敌台二座，角楼一座，城铺十间，边城四道，护城墩六座”[2]。新城创立于万历元年（1573

[1] 《国语》卷十三《晋语七》，上海古籍出版社 1978 年版，第 442 页。

[2] 《西关志》之《居庸关》卷一《城池》，第 24 页。

年），筑在旧城南侧，开设南门并修建了瓮城。城垣大部分塌废，近年得到修复。旧城的北门、娘娘庙钟鼓楼和铸钟以及新城南门保存完好，已被列为县级文物保护单位。

白羊城，位于昌平西 17.5 公里，是长城沿线著名的关隘。明正统年间建堡城，亦称白羊口堡城、白杨口。《西关志》："白羊口堡城，原设旧城，景泰元年重建。城堡一座，上跨南北两山，下当两山之冲。城高二丈五尺，厚一丈二尺，周围七百六十一丈五尺。东西城门楼二座，东月城门一空，敌楼四座，水旱门五空，城铺一十五间，护城墩一十二座。"王士翘认真观察了白羊城的地形条件，提出拓展堡城以消除潜在危险的设想："西城外有一山坡逼近城门，高峻宽平，可容千人。虏若据此，则一夫不敢登城，而西门不可守矣。为今之计，必拓筑西城，雄跨山坡，庶几险在我也。次村杨公作《紫荆考》，以白羊为虑，殆有见于是乎？"[1] 次村杨公，即杨守谦，字允亨，别号次村，嘉靖二十九年（1550 年）巡抚保定兼督紫荆诸关军务，《紫荆考》即作于此时。《读史方舆纪要》历数白羊口遭受蒙古部族入侵的过程，说明附近关塞城堡彼此呼应的关系：白杨口"今有城，调官军戍守。西南又有小城，曰白羊新城，南北冲要处也。正统九年，也先由此入犯。弘治十一年，火筛自大同深入，京师戒严。分遣大臣守潮河川、天

[1]　《西关志》之《居庸关》卷一《城池》，第 24 页。

寿山、居庸、紫荆、倒马、白杨诸关隘。正德十一年，寇犯白杨口。嘉靖二十九年，寇由古北口突犯京师，欲夺白杨口北出，不果。又西北四十余里曰长峪城，其西小城，亦曰长峪新城。又西二十里，曰横岭口城，亦为守御要地。嘉靖中，寇自古北入犯，从横岭逸出，即此。今亦名龙岭口。口西二十里，有镇边城。……自此西南二十五里，至横中山，即紫荆关所辖沿河口界。”[1] 白羊口与居庸关、长峪城、镇边城、紫荆关等隘口，共同构成了明代京师西北的军事防线。白羊城遗址 1980 年被列为县级文物保护单位。

昌平明代皇陵位于居庸关、南口、黄花城环抱之中，也是长城护卫的重要区域。与此同时，陵区周围的山峦缺口或低矮之处，修筑了城垣、敌楼、拦马墙等防御设施，到嘉靖年间形成了比较完善的安全保障体系。顾炎武《昌平山水记》称：天寿山“环山凡十口。自大红门东三里曰中山口。又东北六里曰东山口，距州东门八里。……又北而西十里曰老君堂口，距景陵北二里，上有老君堂三间。又西十五里曰贤庄口，距泰陵北五里。又西三里曰灰岭口，守备一人守之。又西南十二里曰锥石口，距康陵东北二里。三口并有垣，有水门。崇祯九年，昌平之陷，自此入也。又南十二里曰雁子口，距康陵西北三里。又西南三里曰德胜口，距

[1] 《读史方舆纪要》卷十一，第 508 页。

九龙池四里，有垣，有水门。又东南十里曰西山口，距悼陵南二里，又小红门，距州西门八里。又东二里曰榨子口，距大红门三里。凡口皆有垣，陵后通黄花城，自老君堂口至黄花城四十里。嘉靖十六年，命塞天寿山东西通黄花镇路口”[1]。关于各口的军事设施建设，《西关志》记载：“灰岭口，永乐年间建立旧城一道。嘉靖十六年驾幸其地，因其密迩陵寝，特命重修正城一道，城楼一座，圈城重门一座，水门一空。”[2] 其余诸口亦在嘉靖年间修建了正城、水门、拦马墙等，这些建筑今仅存遗址。

横岭城，或作横岭口城，明代是昌平州境内的居庸关西路隘口之一，北京西北侧的重要堡塞，地点即今河北怀来县东南 34.5 公里横岭。《西关志》记载：“横岭口城，弘治十八年建立北城一道，正德八年添修南城一道，共为堡城一座。东西跨山，南北当两山之冲。长五百二十丈，铁门三座，水门二空，敌楼二座，闸楼一间，吊桥一座，护城墩二座。”[3]《读史方舆纪要》称：长峪城“又西二十里，曰横岭口城，亦为守御要地。嘉靖中，俺达自古北入犯，从横岭逸出，即此。今亦名龙岭口。口西二十里，有镇边城。”[4] 城堡南北门保存完好，遗址近年得到了维修。

[1] 《昌平山水记》卷上，第 12 页。
[2] 《西关志》之《居庸关》卷一《城池》，第 23 页。
[3] 《西关志》之《居庸关》卷一《城池》，第 25 页。
[4] 《读史方舆纪要》卷十一，第 508 页。

镇边城在明代是昌平州所属居庸关西路隘口之一，在今河北怀来县东南36公里镇边城，与北偏东6公里的横岭城同为北京西北侧的重要堡塞。《西关志》记载："镇边城，正德十五年创立。堡城一座，东西跨山，高厚不等，而下据东口之冲。堡城高一丈八尺，周围六百八十一丈。城门楼二座，角楼二座，水门二空，城铺一十三间。"[1]城堡遗址尚存，近年亦得到维修。

柳沟营，位于延庆东南10公里柳沟城。《读史方舆纪要》引《边防考》："柳沟城创自隆庆初，周三百十八丈有奇。万历二十四年，复增北关，周百八十五丈有奇。而阎家庄，为缓急守御之要地。""嘉靖中，筑南山一带土城，东起永宁县东火焰山，西抵保安州东南河合口。置城于此，设兵驻守。其东北沿边一带，曰谎炮儿、韩家口、海子口、柳沟口，皆防御处也。"[2]保安州即今河北怀来县新保安镇，河合口应在其东南夹河村附近，洋河在这里与桑干河汇合。阎家庄即今延庆东北16公里阎家庄；永宁县即今永宁镇；火焰山即今四海乡石窑村南的火药山，在柳沟以东或偏北的土城沿线；韩家口应在大庄科乡汉家川河北一带；海子口即今四海乡海字口；柳沟口应为今柳沟东南出口。明崇祯十七年（1644年），李自成的军队自柳沟进入昌平明陵，接着攻

[1] 《西关志》之《居庸关》卷一《城池》，第25页。
[2] 《读史方舆纪要》卷十七，第768页。

▲ 镇边城（岳升阳摄）

▲ 永宁城墙遗迹

▲ 柳沟城墙遗址

▲ 岔道城城墙

入北京城。柳沟城至今北城门尚存，城下有近 1 米高的明代石旗杆座。

岔道口，今名岔道、岔道城，曾名三岔口，在延庆东南 12 公里、八达岭以西 1.5 公里。《昌平山水记》指出了岔道城的交通枢纽地位，特别强调了它在军事上护卫八达岭、居庸关的重要作用：八达岭“口外地稍平衍，五里至岔道，乃有二路。一自怀来卫、保安州，历榆河、土木、鸡鸣三驿至宣府，为西路。一至延庆州、永宁卫、四海冶为北路。宣德五年十月戊寅，上巡边，驻跸岔道。己卯，猎于岔道。自南口至岔道，皆延庆卫地也。……自八达岭下视居庸关，若建瓴，若窥井，故昔人谓居庸之险不在关城，而在八达岭，而岔道又八达岭之藩篱。元人于北口设兵，其得地形之便者与！”[1] 岔道城近年得到大力维修，成为八达岭旅游区的著名景点。

靖胡堡，在明代属延庆州永宁县长城以外之地，清代避讳“胡”“虏”等字，改称“靖狐堡”或“靖安堡”，原址位于今延庆东北 33 公里白河堡水库区域。作为乡村聚落的靖安堡在后来更名白河堡，以邻近白河得名。1982 年白河堡成为水库淹没区，迁移到延庆东北 17 公里新址。《读史方舆纪要》记载：“靖狐堡，（永宁）县西北五十里，故外境也。嘉靖三十五年，新筑

[1] 《昌平山水记》卷上，第 17 ～ 18 页。

此堡，周二里有奇。北面阻山，东、西、南三面临河，称为险要。其东河沟无边墙可据，为极冲，而马路南楼东水峪墩次焉。边外有黑牛山、乱泉寺、许家冲属，皆驻牧处也。”[1] 明代这里处在防御边外蒙古诸部的前沿，宣府东路参将驻在永宁县，县城的城墙遗迹依然可见当年景象。

黑汉岭堡，位于延庆东北 34 公里黑汉岭。《读史方舆纪要》记载：“嘉靖三十年创筑，周二里有奇。其北有仓房二口，兵冲也。南距天寿山，后有莺窝梁，山险林密，突犯不易。边外曰白塔儿、牛心山，皆属部驻牧。而堡东宁川墩，为拒守处。”[2] 长城由村落东南向西北延伸，与刘斌堡、周四沟、四海冶等防边堡塞邻近。

周四沟堡，位于今延庆东北 30 公里周四沟村。《读史方舆纪要》称：“嘉靖十九年创筑，周二里有奇。其西北有黄土岭、西石河镇口、外山口诸冲。”[3] 城墙遗址至今尚存。

刘斌堡位于延庆东北 24 公里刘斌堡村，位于周四沟西北，明代为永宁卫军屯。嘉靖十六年（1537 年）筑刘斌堡屯堡，万历三十二年（1604 年）筑城屯兵，城周一里有奇。《读史方舆纪要》称此为“南山、灰岭等口之喉吭也”，“有擦独口、鲍峪口

---

[1] 《读史方舆纪要》卷十，第 769 页。
[2] 《读史方舆纪要》卷十，第 769 页。
[3] 《读史方舆纪要》卷十，第 770 页。

▲ 周四沟城墙遗迹

▲ 四海冶城墙遗迹

▲ 九眼楼

▲ 沿河城附近敌楼

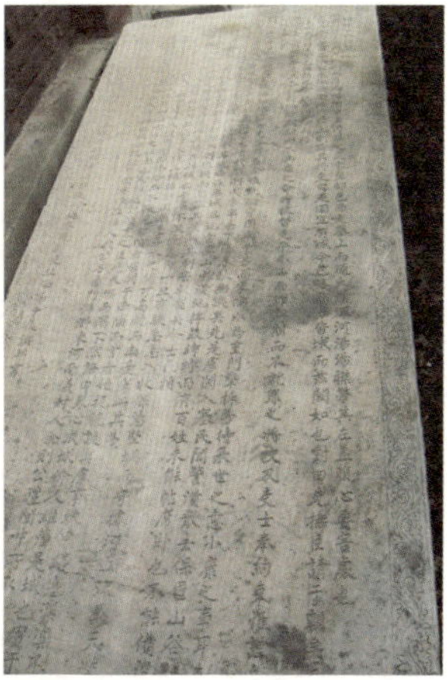

▲ 明万历十九年冯子履《沿河口修城记》碑

等冲”[1]。鲍峪口就是今刘斌堡村以北大约3公里的山岭“暴雨顶”的山口，山上至今仍有明代修筑的土长城遗迹。

四海冶堡，位于今延庆东北38公里的四海。《大清一统志》记载：“四海冶堡，在延庆州东，永宁城东六十里。旧尝冶铸于此，以有四水合流，名四合冶。元时往往来上都，恒取道于此。后讹为四海冶。”[2]这里是内外长城的交会点，明天顺八年（1464年）筑堡，弘治七年（1494年）徙永宁左千户所屯守。乾隆《宣化府志》评论四海冶军事地理形势：“本堡地势孤危，在四山之内，为昌蓟屏翰。堡西五里天门关，其地层崖壁立，险隘可恃，诚为咽喉之地。堡北四海口，西北大胜岭，俱极冲。东北将军岭口，北长生岭口，俱次冲。堡西教场，可伏兵。”[3]1984年考古工作者发现了明代四海冶城遗址，城垣总长1388米，城内有石龟、石碑及庙宇遗址。

九眼楼，又作“九孔楼”，位于延庆东44公里石窑村东南、怀柔西北21公里西栅子村西的火焰山顶。火焰山，或作火药山，怀柔与延庆以此山分界。这座长城堡塞每面都有九个箭窗，故名“九眼楼”或“九孔楼”。这里地势高峻，海拔1141米，晴天可以望到北京城，因此也被称作“望京楼”。明嘉靖至崇祯年间，

[1] 《读史方舆纪要》卷十，第770页。

[2] 《大清一统志》卷四十《宣化府三》。

[3] 乾隆《宣化府志》卷十四《塞垣》。

包括宣大巡抚等朝廷重臣、监察地方的巡按御史、担任参将等职的武官在内，留下了不少赞叹长城雄奇、抒发戍边豪情的巡行记游诗。九眼楼下至今竖立着镌刻万历年间巡按宣大御史徐申、吴礼嘉等人诗作的八块大理石碑。九眼楼 1985 年成为延庆县文物保护单位，2013 年被列入全国重点文物保护单位。

洪武十五年（1382 年）九月北平都司建议，北边卫所“宜谨烽火，远斥堠，控守要害”，所辖关隘就包括“曰居庸，曰阳峪口，曰苏林口，曰白羊口，曰柏峪口，曰高崖口，曰方良口，曰常峪口，曰长城岭，曰沿河口”等二百处[1]，它们都是北平府西北方向的戍守要地。

沿河城，位于门头沟西北 34 公里沿河城，以扼守着浑河（永定河）谷地而得名，长城关隘与城西村落亦称沿河口。万历六年（1578 年）沿河口修建关城，周长约 1182 米，东西北三面呈直线，南墙为弧形，用条石和巨型河卵石砌筑，东西墙上分别开辟万安门和永胜门。隆庆五年至万历三年（1571 ~ 1575 年），这时建成了沿河城守备所辖 40 公里内的多座要隘敌台和石墙，以“沿字 × 号台”编号的敌台有 15 座，另有两座建造较晚的未予编号。敌台建造精良，扼守要冲，附近有 8 座烽火台，至今保存良好。村中现存万历十九年（1591 年）《沿河口修城记》石碑

[1] 《明太祖实录》卷一百四十八，洪武十五年九月丁卯。

与部分旧城墙。沿河城 1984 年成为北京市文物保护单位。

方良口，在今门头沟西北 26.5 公里方良村，山崖上有“方良口”刻石。明洪武年间由北平都司在此严加戍守，后为居庸关西路镇边城所辖二十三处隘口之一。《西关志》记载：“方良口，东北至关一百二十五里。隆庆卫地方，宛平县界，里口稍缓。”“正城一道，过门一空。”[1] 此隘口地处两条北去的宽阔峡谷交点之上，峡谷可通车骑，东北达长峪城，西北至镇边城，东去为白羊城。正统十四年（1449 年）“土木之变”发生后，为防备也先所部偷袭，守备居庸关兵部郎中罗通上疏景泰帝：“居庸关虽可守，然汤卫口、疏林口、北关口、方良口，近因土木溃散军士踏开路道，深有可忧。……居庸固京师后门，相去百里而遥，一失守则虏入京师在旦夕耳。”[2] 汤卫口即汤峪口，位于昌平西北 12 公里响潭村西；疏林口即苏林口，位于昌平西 15 公里兴隆口村西端，二者在明代都属于居庸关南路隘口。北关口应在昌平南口镇西北 1.3 公里处。这里原有北关村，1982 年住户迁出，聚落消失，但在明代不失为距离南口最近的外围戍守据点。这些隘口与方良口都不如居庸关、古北口著名，因此更容易疏于戒备而遭到敌方出其不意的偷袭。罗通的郑重提醒表明，长城沿线这些次一级关隘的军

[1] 《西关志》之《居庸关》卷一《关隘》《城池》，第 20、25 页。

[2] 焦竑：《国朝献徵录》卷五十四《都御史罗公通传》，明文书局《明代传记丛刊》本，第 111 册第 609 页。

事价值同样不可忽视。

万历六年（1578年）御史中丞张卤主持修建沿河城，十九年（1591年）山西提刑按察司副使冯子履撰文书写《沿河口修城记》，记述了工程实施的背景、过程和竣工后的巨大作用："先是，虏阑入塞，民闻警溃散去，保匿山谷间。"修城之后，一旦遇到军情，百姓可以"急入收保，凭坚城而守，据河上流为天堑"。在赞誉前任官员创建城堡之功的同时，强调"设险守国，要惟在任人哉"。这块碑文，便是明代修筑长城的见证。

古代帝王大兴土木，征发民夫往往数以万计。修建一座城池已是相当繁重的体力劳动，筑造长城的劳动者更会承受无法想象的艰辛乃至为此付出生命。

第七章　长城苦寒良可哀

▲ 雪落长城（吴文涛摄）

万里长城是中国古代劳动人民的伟大创造，也是以两千多年来难以计数的巨大耗费为代价的产物。这个代价包括民众和士兵为修筑长城、守卫长城付出的沉重劳役乃至生命，国家为支撑长城建设和防御所提供的财力与物力，被加重的百姓负担及引起的社会动荡等。长城边塞是军中将士建功立业的舞台，却也恰似唐诗所云：“凭君莫话封侯事，一将功成万骨枯。”[1]长城沿线丰富多彩的物质与非物质的文化遗产，就是在如此沉重的历史进程中被长城建设者和守卫者营造出来。

军疲民困筑边垒

在“普天之下莫非王土”的专制时代，广大百姓实质上就是帝王为首的统治集团的奴隶，

[1] 曹松：《己亥岁二首》，《全唐诗》卷七百十七，中华书局 1960 年版，第 8237 页。

是国家赋税和劳役的承担者。古代帝王大兴土木，征发民夫往往数以万计。修建一座城池已是相当繁重的体力劳动，筑造长城的劳动者更会承受无法想象的艰辛乃至为此付出生命。今天我们可以为古人的杰出创造感到自豪，但当时的劳动者绝非自愿投身这样的劳动过程并且快乐地享受劳动成果，他们只是在强权压制与生命威胁之下被迫接受统治者的奴役与惩罚。二者虽然都是劳动，却具有本质的不同。

修筑长城的劳动力主要来自三个方面：徒刑犯，部分守城军人，大量征发民夫。《史记》记载，秦始皇三十四年（前213年）接受李斯的建议焚毁百家之书，“令下三十日不烧，黥为城旦”。城旦，即天亮就开始修城之意。某些罪犯被罚作修城的苦役，在此之前早就存在，被罚作城旦的罪名也有多种。比如，1975年12月湖北云梦睡虎地出土秦简，其《法律答问》篇有“五人盗，臧（脏）一钱以上，斩左止（趾），有（又）黥以为城旦”之类的多种酷刑[1]。《史记集解》征引如淳的解释，“律说：论决为髡钳，输边筑长城。昼日伺寇虏，夜暮筑长城。城旦，四岁刑”[2]。按照秦朝的这条法律，犯罪者脸上要被刺上记号，剃掉头发，再以铁箍围在脖颈，押送到边塞修筑长城。他们白天也要防备匈奴

[1] 睡虎地秦墓竹简整理小组：《睡虎地秦墓竹简》，文物出版社1990年版，第93页。

[2] 《史记》卷六《秦始皇本纪》裴骃《史记集解》，第255页。

侵袭，黄昏后则专注修城，刑期四年。两汉时期，“城旦”仍然是死罪减轻一等之后的重刑。“律曰：斗以刃伤人，完为城旦，其贼加罪一等，与谋者同罪。”[1]刘邦的智囊张良被封为留侯，其子不疑承袭爵位十年后，“坐与门大夫吉谋杀故楚内史，当死，赎为城旦，国除”[2]，这是死罪减免后罚作修城苦役的典型事例。东汉桥玄“四迁为齐相，坐事为城旦。刑竟，徵，再迁上谷太守”[3]，这种先服苦役又被启用的事情极为罕见。刑徒毕竟数量有限，军队也通常只能有一部分人投入修城，最主要的筑城劳力只能是各地被征发的民夫。

修筑长城的巨大工程量，决定了为此征发的民夫往往数以万计甚至多达上百万。秦国兵制规定，“凡民年二十三……屯边一岁谓‘戍卒’”[4]，全国青年男子必须到边塞屯田戍守一年。关于蒙恬修长城动用的人力，《淮南子》称：秦始皇“发卒五十万，使蒙公、杨翁子将，筑修城。西属流沙，北击辽水，东结朝鲜。中国内郡輓车而饷之”[5]。这里的“五十万”与《史记·蒙恬列传》的“三十万”差距明显，可能是把为军队运输粮草的百姓包括在内的笼统计数，他们都属于被朝廷征发而到

[1] 《汉书》卷八十三《薛宣传》，第 3395 页。
[2] 《史记》卷五十五《留侯世家》裴骃《史记集解》，第 2048 页。
[3] 《后汉书》卷五十一《桥玄传》，第 1695 页。
[4] 马端临：《文献通考》卷一百四十九《兵考一》，中华书局 1986 年版，第 1305 页。
[5] 《淮南子》卷十八《人间训》，中华书局影印《诸子集成》本，第 322 页。

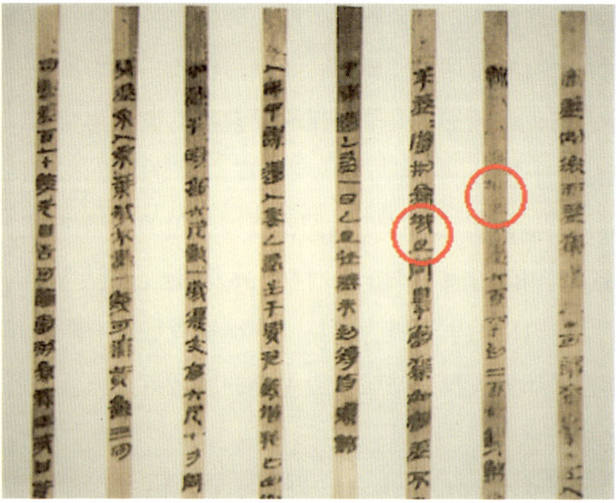

▲ 秦简《法律答问》中的“城旦”（选自《睡虎地秦墓竹简》图版）

边塞服徭役之列。北魏太平真君七年（446 年）六月，开始修筑保卫国都平城（今山西大同）的“畿上塞围”，“发司、幽、定、冀四州十万人”[1]。北齐天保六年（555 年）修筑从幽州北夏口（今昌平南口）至恒州（今山西大同）的长城时，“发夫一百八十万人”[2]。修筑长城的很多记载并没有透露所征发的人数，对照同等规模的工程不难想象其动用民力之巨。在历代正史中，对于修筑长城征发民夫记载最具体的文献，当属《隋书》。文帝开皇元年（581 年）四月，在朔方、灵武修筑长城，“发丁三万”。二年（582 年）又“发丁十五万”在朔方以东筑城[3]，其中应当包括南汾州（治今山西吉县）千余内附的胡人。三年（583 年）三月修榆关城，动用夫役数量不详。六年（586 年）二月“发丁男十一万”，七年（587 年）二月“发丁男十万余修筑长城”[4]。炀帝大业三年（607 年）七月朝廷“发丁男百余万筑长城”，四年（608 年）七月又“发丁男二十余万筑长城”[5]。根据这些记载，隋代几次修长城动用的丁夫，也就是青壮年男子，粗略估计至少应在一百六七十万人。

在长城沿线守边的军人，往往既是战斗者也是劳动者，至

[1] 《魏书》卷四《世祖纪下》，第 101 页。
[2] 《北齐书》卷四《文宣帝纪》，第 61 页。
[3] 《隋书》卷十六《崔仲芳传》，第 1448 页。
[4] 《隋书》卷一《高祖纪上》，第 23、25 页。
[5] 《隋书》卷三《炀帝纪上》，第 70、71 页。

少有一部分军人要兼服修城劳役，尤其是修筑城堡或修补维护长城的劳役。赵武灵王二十六年（前 300 年）击灭中山国，燕国大将秦开把东胡驱赶到千里之外，都随之修筑了各自在北边国境的长城。秦始皇三十二年（前 215 年）蒙恬率领三十万大军北逐匈奴，修建了临洮至辽东的万里长城。汉武帝元朔三年（前 126 年）卫青率领数万骑出兵云中击败匈奴，恢复秦代疆域，修缮了蒙恬建设的长城堡塞。这些在军事胜利背景下修筑的长城，除了调集大量民夫之外，军队也应是建设者中的一部分，甚至成为修城的主要力量。在数十万大军中抽调几万人修筑长城，既是着眼于建设未来长期守边的屏障，也是修造用以御敌的坚固工事，大量军人参与其中是理所当然的措施。北齐天保六年（555 年）“发夫一百八十万人筑长城”，为此同时诏令赵郡王高叡“领山东兵数万监筑长城”。这位时年只有二十一岁的杰出将领，此前就已经是因治理地方而享有盛誉的能臣。《北齐书》载：

于时盛夏六月，叡在途中，屏除盖扇，亲与军人同其劳苦。而定州先有冰室，每岁藏冰。长史宋钦道以叡冒犯暑热，遂遣舆冰，倍道追送。正值日中停车，炎赫尤甚，人皆不堪，而送冰者至，咸谓得冰一时之要。叡乃对之叹息云：“三军之人皆饮温水，吾以何义独进寒冰？非追名古将，实情所不忍。”遂至消液，竟不一尝。兵人感悦，遐迩称叹。先是，役徒罢作，任其自返。丁壮之辈，各自先归；羸弱之徒，弃在山北，加以饥病，多致僵殒。叡于是亲帅所部，与之俱还。配合州乡，部分营伍。督帅监领，强弱相持。遇善水草，即为停顿。分有余，赡不足，屯以全者十三四焉。[1]

高叡在监督修筑长城的行军途中，盛夏时节坚持除去遮阳的车盖，也不使用扇子。地方官员专程送来的冰块，他直至放到融化成水，也不自己食用，甘愿与军卒同冒酷暑。在长城工地，高叡一改工程完毕即抛弃老弱的旧例，率领所部士兵帮助民夫回乡，按其所属的州乡编队以便途中相互扶助。高叡堪称古代爱护士兵和百姓的表率，被他挽救生命的民夫多达十分之三四，反过来也证明了百姓在修筑长城过程中的死亡历来极为惨重。

修筑长城往往是军人与民夫共同完成，某些地段可能以军人为主，但庞大的工程必然耗费为数甚巨的钱粮和人力。这里仅从《明世宗实录》摘取几例，以见其一斑。嘉靖十九年（1540年）奏报，"宣府诸路墩台宜修置者一百二座，边墙宜修者二万五千丈，通贼险峻崖应铲者四万五千丈"，皇帝下诏"出太仆马价三万两给之"[2]。二十五年（1546年）二月，总督宣大山西侍郎翁万达奏请修筑大同东路边墙墩堡，预算"通计经费

[1] 《北齐书》卷十三《赵郡王叡传》，第171页。
[2] 《明世宗实录》卷二百三十六，嘉靖十九年四月癸未。

约用二十九万余金”[1]。同年七月完工，“修筑大同东路之天城、阳和、开山口一带边墙一百三十八里，为堡七，为墩台一百五十有四；宣府西路之西阳河、洗马林、张家口堡一带边墙六十四里，为敌台十，斩崖削坡五十里。用工止五十余日，经费视原估省九万余两”[2]。修城经费居然节省了将近三分之一，这在明代军中颇为少见，翁万达也因此得到朝廷的升赏。

嘉靖二十六年(1547年)三月，朝廷根据宣大督抚的建议，“修两镇边墙一百七十里，计工费银一十六万三千有奇”[3]；五月他们又提出维修山西北部堡塞，计划“凡修边墙千四十丈，筑敌台一千所，役山西、大同二镇兵八万人。自五月始，至九月讫工”[4]。二十八年（1549年）四月，总督宣大尚书翁万达奏报：“请令山西、保定抚臣各籍所属民夫万五千人，给以资粮，委官督领”，按期赶赴宣府镇以补充夫役的不足；“宣府东路边墙一道，北路内外墙各一道，及诸墩舍水门，计工当役七万人。以百五十二日为期，度支费银四十三万六千六百有奇。请发太仆寺马价银及本部缺官柴薪银，不足，以帑银给之。”[5]三十年（1551年）四月，总督宣大山西都御史苏祐上疏陈述边防四事，

[1] 《明世宗实录》卷三百八，嘉靖二十五年二月己丑。
[2] 《明世宗实录》卷三百十三，嘉靖二十五年七月甲戌。
[3] 《明世宗实录》卷三百二十一，嘉靖二十六年三月甲寅。
[4] 《明世宗实录》卷三百二十三，嘉靖二十六年五月癸亥。
[5] 《明世宗实录》卷三百四十七，嘉靖二十八年四月己未。

▲ 张家口大境门

其中之一就是修补边墙："本镇当修者，惟西路为急。自西阳河至柳沟台，凡二百三十余里，役军夫可三万人。敌台当筑者，惟东路为急。自四海冶至西阳河，应筑敌台五百座，役军夫亦三万人。合用银一十六万五千余两。"[1]诸如此类的建议，都经兵部议复后得以施行。三十二年（1553年）三月，大同边墙沿途六百八十余里的一千三百一十五座城堡都需修理，"拟七月初起工，计用粮万三百二十余石，即于防秋行粮支给。银万三千三百九十余两，请发内币给之"。兵部准以提前到闰三月施工，"帑银如数给发"[2]。三十六年（1557年）四月严嵩在回答皇帝询问时说：自洪武、永乐年间缮制边墙，"累朝以来，凡有阙敞，即加修筑。后又专设东西关巡关御史二员，每岁阅视满日，造册奏缴。昨庚戌后，凡京畿边墙通议修筑，费银百十万"[3]。昨，即往日。东西关，是以北京为参照点确定的称谓，它们都是明代长城防线上拱卫北京的关键所在。东关指北京以东直至山海关的长城关塞，西关指北京西北与西南的居庸关、紫荆关（在今河北易县西北30公里）、倒马关（在今河北唐县西北48公里）、故关（或作固关，在今山西平定东45公里旧关）及其所辖隘口堡塞，明代王士翘《西关志》即取此义。明代嘉靖年间整修维护长城的事例都表明，这

[1]　《明世宗实录》卷三百七十二，嘉靖三十年四月庚午。
[2]　《明世宗实录》卷三百九十五，嘉靖三十二年三月癸卯。
[3]　《明世宗实录》卷四百四十六，嘉靖三十六年四月己丑。

是一项既耗费国力又要持续不断的巨大工程。

借助明代留存至今的一些长城碑刻，可以看到当时修筑长城的若干微观情景。这里略举三例。

其一，大榛峪口在怀柔西北 23 公里贾家村北，这一带的长城制高点称作“西大楼”，有万历四十二年（1614 年）九月竖立的石碑一通，碑文如下：

河大营春防黄花路幕田峪地方大榛谷，接山东右营工尾起，迤西□十丈六尺五寸，底宽一丈六尺，收顶一丈二尺，高连垛口二丈。遵照原行如式修筑。薛三才、吴崇礼、李国华、张梦鲤。管工把总、正千户许元伶。管工旗牌识字岑宗、黄信。泥水石匠刘舟、翟均名。万历四十二年孟夏吉日立。

其二，“西大楼”长城上还有一通石碑，碑文如下：

山东右营春防军士三千名，内除杂流火兵四百名，实在修工军士二千六百名。奉文派修大榛峪，东接主兵工尾起，迤西二等边墙五十八丈五寸。内修便门二座，铁券门四扇。又修匣光墩台起，迤西二等边墙六丈九尺五寸。共墙六十五丈，底阔一丈六尺，收顶一丈二尺，高连垛口二丈。自本年二月二十日兴工办料，遵照原行如法修筑，于四月初八日通修完。因记。

后有16名官员的职位和姓名，落款“万历四十三年四月日立”。

其三，怀柔渤海所原有黄花镇等处地方副总兵程九思书写的《渤海所序》石碑，现存于慕田峪长城旅游办事处。这是隆庆六年（1572年）九月程九思升迁离任之际竖立的纪功碑，碑阳介绍黄花镇的军事地理形势以及所辖隘口，推崇几位前任修筑长城的创业之功：“修完边墙一万二千一百丈，墩台六十八座，公馆营铺房一千五百间，壕坡九千七百九十丈通修补一新。”碑阴记载他在隆庆三年（1569年）主持修建长城及相关设施的详细情况：

隆庆三年三月十三日起至六年九月止，修过工程数目开列于后：创修空心敌台七十一座，各高三丈，周围十二丈。创盖敌台上楼房一百六十三间，创修营铺房官厅一千四十六间，创栽沿边杂树五万四千九百八十株。创修渤海城一百五十丈，高二丈五尺，城门楼三座十间。创修公廨庙宇房一百八十九间，创开荒地一十九顷六十二亩九分，补修壕坡四千八十九丈七尺，补修边营城墙一千六百二十七丈，补修墩台一十六座。

碑文随后逐一列出上述各项建设在渤海所、慕田峪关、贾儿

▲ 明隆庆六年程九思《渤海所序》碑拓片

▲ 明隆庆五年《阅示鼎建碑》

岭口、田仙峪寨、擦石口、磨石口、驴鞍岭口、大榛峪口、黄花镇、南冶口、大长峪口、小长峪口、本镇口、鹞子峪、撞道口、西水峪、石湖峪口诸处分布的具体情形。这些碑文呈现了当年修筑边墙、空心敌楼以及其他设施的数量乃至规格形制，附列守卫关隘的官员以及刻碑石匠或瓦匠的姓名，都是明代加强长城防务和建设的生动写照。

长城的修建是督察监管极为严格的国家行为，2019 年在修缮延庆八达岭 68 号敌楼时，发现了隆庆五年（1571 年）镌刻的《阅示鼎建碑》。碑文列出了参与建设和验收的刘应节等各级官员的姓名，也是这段长城修建过程的记录。这篇碑文迄今未见著录，兹据碑刻照片披露如下。

隆庆伍年季秋之吉，总督蓟辽保定等处军务兼理粮饷、兵部右侍郎兼都察院右佥都御史潍县刘应节，整饬蓟州等处边备兼巡抚顺天等府地方、都察院右佥都御史肤施杨兆，巡按直隶监察御史晋江苏士润，巡按直隶等处监察御史仁和余希周，整饬昌平等处兵备、山东按察司佥事蒲州张廷弼，镇守居庸昌平等处地方总兵官、中军都督府署都督佥事桐城杨四畏，总督军门中军官、原任参将涞阳张爵，抚院中军官、原任参将山海徐枝，昌镇中军官太仓季时，分守居庸关等处地方副总兵、署都指挥佥事济宁孙山，督工署通判事经历祁门张浦，管工延庆卫经历海宁张恒，八达岭守备指挥佥事无为王阳，管工把总千户聂承宗，木匠刘青，边匠陈官保、鲁春镌鼎建。

物料备办事纷繁

修筑长城是费时费工费料的巨大工程，因此需要建立古代意义上的“组织管理系统”，包括负责总体设计、监督管理、工程实施、物质保障等环节的官员和机构。历史文献扼要记载了军事指挥者如蒙恬、卫青、戚继光等率军筑城的情形，但对某些杰出建筑师作为长城总体规划设计者的事迹着墨太少，隋代的宇文恺就是其中之一。《隋书》记载，宇文恺虽然出身武将世家，却“独好学，博览书记，解属文，多伎艺，号为名父公子”。他在建筑与水利设计方面多有巧思，长安城的建设“高颎虽总大纲，凡所规画，皆出于恺。后决渭水达河，以通运漕，诏恺总督其事”。开皇年间他督建仁寿宫与独孤皇后陵，大业年间迁都洛阳后担任营东都副监、将作大匠，直至工部尚书。隋炀帝时代，“及长城之役，诏恺规度之”[1]。仅此一句就足以表明，作为建筑大师的宇文恺，同时也是修筑北方长城的总体规划设计者，其他朝代也应有类似的人物。

[1] 《隋书》卷六十八《宇文恺传》，第 1587 ~ 1588 页。

建造长城的队伍往往多达数十万人，许多朝代设置了“长城大使”之类的官职负责监督施工。《北齐书》载，张纂在东魏时参与平定侯景之乱，后来“授仪同三司，监筑长城大使，领步骑数千镇防北境。还，迁护军将军，寻卒”[1]。《资治通鉴》显示，张纂战死于梁太平元年（北齐天保七年，556 年）六月初一，“齐兵潜至钟山，侯安都与齐将王敬宝战于龙尾，军主张纂战死”[2]。这样，张纂担任“监筑长城大使”所督修的工程，正是北齐天保六年（555 年）六月征发一百八十万人修筑的幽州夏口至恒州之间的长城，同时他还要带兵数千镇守北齐的北部边境。比张纂担任“监筑长城大使”稍晚些，以才华自负的卢询祖“天保末，以职出为筑长城子使。……既至役所，作《筑长城赋》，其略曰：‘板则紫柏，杵则木瓜，何斯材而斯用也？草则离离靡靡，缘岗而殖，但使十步而有一芳，余亦何辞间于荆棘。’”[3]他感叹自己被派到荆棘丛生的崇山峻岭督修的长城，应当是此前在天保六年和七年（556 年）两度新建或补修的长城的延续。

长城最常用的建筑材料是泥土与砖石，或者两种形式混合使用。在西部沙漠地区，还会使用红柳等类的荆条与土石交替叠压而成。土质长城便于就地取材，泥土堆积之后夯实即可。我国古

[1] 《北齐书》卷二十五《张纂传》，第 360 页。

[2] 《资治通鉴》卷一百六十六，梁敬帝太平元年，中华书局 1956 年版，第 5145 页。

[3] 《北齐书》卷二十二《卢询祖传》，第 321 页。

代建造土墙的“版筑”，是修筑土质长城的技术先驱。版筑亦称夯筑或夯土技术，筑墙时根据设计的厚度，先在两侧分别固定一块木板，然后在构成水槽形状的两块木板之间放置泥土，或者再像当代的水泥配上钢筋一样，在泥土中拌上石灰、碎麻、花秸等防止墙体开裂，最后用石杵捣实或用石夯砸实。每铺上一定厚度的泥土即夯实一次，经过层层叠加便累积为一道坚实的墙体。远在距今四千多年前的龙山文化时期，古人就已经掌握了比较成熟的版筑技术。《孟子》所谓“傅说举于版筑之间”[1]，说的就是商王武丁在筑墙的奴隶中发现了傅说并提拔为国相的著名典故。在秦汉及其以后的长城建设过程中，版筑成为应用最广泛的基本技术。卢询祖《筑长城赋》中的“板则紫柏，杵则木瓜”，描写的正是用这两种硬木作为版筑工具的情形。

蒙恬“因地形用险置塞”，是古人普遍认同的筑城原则。充分利用天然的险要地形，尽量减少工程量，可收到事半功倍之效。北魏太和三年（479年）高闾上表孝文帝，建议修筑北部边境六镇之内的长城。据他估算：“计六镇东西不过千里，若一夫一月之功，当三步之地，三百人三里，三千人三十里，三万人三百里，则千里之地，强弱相兼，计十万人一月必就，运粮一月不足为多。人怀永逸，劳而无怨。”[2]按照这个过于理想化的估算，每人每

[1] 《孟子》卷十二《告子下》，中华书局影印《诸子集成》本，第510页。
[2] 《魏书》卷五十四《高闾传》，第1202页。

天需要完成的土石方大约 1 立方米，这在需要开山采石的山区实际上颇为不易。这样，类似于东北地区“干打垒”式的就地取材以山石堆砌，就成为省工省料的施工方法之一。迄今在北京地区发现的北朝长城，有不少段落就是这样摆放的石块。2005 年前后，北京大学唐晓峰、岳升阳等历史地理学者进行了北京北部山区古长城遗址的野外考察。他们在昌平境内看到，“北西岭长城遗址位于山脊垭口南北两侧的山梁上，北侧山梁上的碎石垄遗址尚可辨认。石垄宽约 3 米，高约 1 米，石块大多碎小，直径多在 10 ~ 15 厘米，呈散乱堆积状。有的地段可以看到石块与土混合堆积在一起，可能当年曾用泥土作为填充和砌筑材料”；在白羊沟长城遗址，“一座石墙圈建在黄楼院沟口旁的高崖之上，扼守着白羊沟和黄楼院沟。墙圈系用石块干垒而成，近方形”。

在延庆境内，石峡村北山顶上“发现一条石垒长城残迹……当地明长城下部是人工加工的整齐条石，上部使用砖结构，而这段长城则完全使用石块干垒而成。……应是北齐长城残留下来的遗迹”；东二道河与营城之间，“长城遗址从两侧山梁下来，一直垂到公路边的沟底，呈现出一条明显的碎石带”；四海镇火焰山“由九眼楼延伸出去的三道长城中，伸向慕田峪的长城为明代砖石结构的长城，通向四海北面和双界山的两道长城则是用石块干垒而成”。以山石干垒代表了北朝尤其是北齐长城的典型特征，它们宽窄高低不一，山势险要或密林难行之处并不筑城。“在建

▲白羊沟黄楼院沟口城圈遗址（岳升阳摄）

▲延庆海子口双界山古长城遗迹（岳升阳摄）

筑方法上，多用石块干垒之法，以便省工省水，减少工作量”[1]。

土城包砖或石条砌城需要更高的采石技术与烧砖条件，以明代长城体现得最充分。修城的建材包括石料、砖瓦、石灰、木料等，相应地也有专门负责开采石料、烧制砖瓦石灰、管理工程实施的大小官员，当然更离不开从事生产的石匠、窑工、泥瓦匠、木匠等数以万计的普通劳动者。中国长城博物馆藏万历十年（1582年）修长城题记石碑，原来镶嵌在八达岭“居庸外镇”城楼上。碑文漫灭比较严重，导致今人的著录不仅彼此差别很大，而且许多文字明显不通。兹据延庆区文化委员会文物研究所范学新先生提供的照片，结合各方所录择善而从，试列于下：

万历拾年秋防本镇左右部修工，□□□□□□□□□□□□至八字贰号台止，分修城墙长叁拾丈叁尺伍寸，高连垛口贰丈伍尺。自柒月中起，至拾月中止，计工叁逾月告完。今将经管员役开具于后。钦差分守居庸关等处地方副总兵都指挥定州胡懋功，钦差守备八达岭路等处地方都指挥密云李凤志，中军百户崔宝、刘宗禄，把总百户徐然、张印、陆文锺，管工头目赵滨、焦大义，管烧灰等头目诚启、谈名，窑匠头役王與、杨二十，泥石匠头役□明、张举、李赞、盖臣。万历拾年拾月吉日立。

[1] 唐晓峰等：《北京北部山区古长城遗址地理踏查报告》，学苑出版社2009年版，第4～5、29、33～35、39、46、73页。

同月镌刻的另一块石碑，最初镶嵌在八达岭镇石佛寺山南长城上，后来被移至石佛寺村南公路旁，1992年修复水关段长城时移至水关口左侧。迄今所见提到这块碑刻的今人文献，几乎无一例外地存在着文字辨识的错误。即使是素负盛名的长城专家，对于下面这176字碑文的著录也有十余处误读或衍文，这似乎很难归之于“手民误植”。根据延庆文化委员会文物研究所范学新先生提供的照片辨认，准确的碑文如下：

钦差山东都司军政佥书、轮领秋防左营官军都指挥佥事、寿春陆应元，奉文分修居庸关路石佛寺地方边墙。东接右骑营工起，长柒拾伍丈贰尺，内石券门壹座，督率本营官军修完。遵将管工官员镌名竖石，以垂永立。管工官：中军带管左部千总济南卫指挥刘有本；右部千总青州左卫指挥刘光前；中部千总济南卫指挥宗继先；管粮把总肥城所千户张延胤；管各项窑厂、石塘办料，署把总赵从善、刘彦志、宋兴、卞迎春、赵元焕。万历拾年拾月□日鼎建。

为减少搬运的负担，沉重的石材要尽可能就地开采，城砖、瓦件、石灰等则以在长城工地附近烧制为宜。修建城堡敌楼等所需的木材除了就近采伐外，还可以由稍远的地方运来。烧制砖瓦要先用泥土脱坯，然后装入窑中烧制。明代宋应星《天工开物》

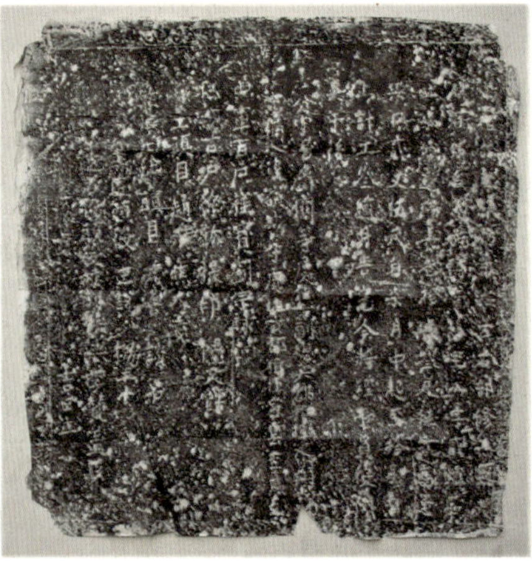

▲ 万历十年修长城题记（1）（范学新摄）

▲ 万历十年修长城题记（2）（范学新摄）

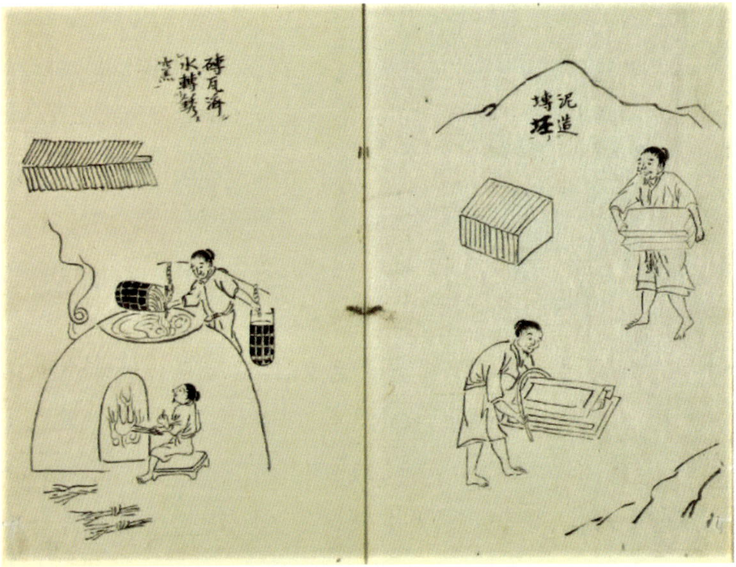

▲ 脱坯烧砖（选自明抄本宋应星《天工开物》）

记载的烧砖方法，直到今天仍在普遍使用。

2002 年 12 月，在河北省秦皇岛市抚宁县驻操营镇板场峪村长城脚下的玉米地里，发现了明代为修筑长城烧制城砖的 48 座砖窑。窑形分为龙窑、马蹄窑、牛角尖窑等，窑口直径 3.5 ~ 6 米不等，窑深 3.5 米。窑里大都保存着烧好的城砖，每块长 36 厘米，宽 17 厘米，厚 9 厘米，重 10.5 公斤左右。其中有 24 座窑里码满了城砖，每座码砖 20 层，存砖 5000 多块。同时发现的还有 6 座明代石灰窑，石雷 70 枚、石炮 5 门、铁铳 3 支、炼铁炉 10 多座[1]。隆庆至万历年间，戚继光曾在蓟镇练兵、督修长城。这个砖窑群的发现，与当年实施的土城包砖工程彼此应照。砖窑群的巨大规模印证了修筑长城所需城砖数量之多，与砖窑群配套的石灰窑是为修筑长城烧制石灰的场所，石雷、石炮、铁铳和炼铁炉反映了长城防御系统的兵器配备和制造情形。

2012 年 5 月，怀柔田仙峪村也发现了一座明代长城砖窑。据村里老人回忆，附近的山野丘陵曾有几十座这样的砖窑，他们幼年时常常在那里捉迷藏。1970 年前后平整土地，挖出过不少或完整或零碎的城砖。大窑高约 4 米，小窑高约 3 米，直径 2 ~ 3 米不等。砖窑分为窑门（火道、进风口）、窑室（火膛、窑床、烟孔、烟囱、窑身、窑壁、窑口）、工作面三部分，半圆形的窑门以青

[1] 《考古重大发现：秦皇岛发现巨大的明长城砖窑群》，中国网，据新华社 2002 年 12 月 27 日报道。

砖砌成，窑室、窑门近似圆形，工作面在窑室前部。大窑一次可烧制 3000 块城砖，小窑一次可烧制 2000 块城砖。田仙峪周边的这几十座砖窑，主要供应慕田峪至箭扣一带修筑长城之需，通常在向阳的黄土坡依照地势而建，与长城工地相距不远，附近有充足的水源和作为燃料的茂密森林。村东南的上桃园曾有一片高岗黄土地，因为烧窑取土渐渐变成洼地，因此得名“窑坑”，反映了修筑长城对局部环境带来的变化。怀柔进行文物普查时，发现了刻有“万历五年石塘营造”“万历五年宁夏营造”“河间营造”“沈阳营右部二劈面春防营造”等字样的明代城砖，这是朝廷对筑城材料生产严格实行责任管理的证明[1]。

考古工作者披露，早在 1968 年至 2001 年期间，北京市门头沟、延庆、怀柔、密云等区境内，已经发现了近 30 处烧制长城用砖或石灰的窑址。砖窑遗址的所在地点包括：门头沟清水镇洪水口村北、瓦窑村，斋堂镇柏峪村北；延庆八达岭镇东沟旧村南，大庄科乡香屯村北山脚下；怀柔渤海镇桃峪村北；密云古北口镇司马台长城管理处南、司马台村北、三道河村北、下窝铺村、汤河村北、西菜园村北、后川村，太师屯镇令公南沟北台子村，大城子镇墙子路村北、墙子路村东北，北庄镇河南营村南沟门，新城子镇太古石村东、遥桥峪村西、花园村南、蔡家店村东北，冯家

[1] 魏明俊：《北京怀柔发现明代古砖窑，挖出残砖将近 80 块》，《北京青年报》2012 年 8 月 17 日报道。

峪镇西白莲峪村西、冯家峪村后、下营村北，石城镇西湾子村西。石灰窑遗址在延庆八达岭镇石峡村西南，大榆树镇小张家口村；密云西田各庄镇白道峪村南[1]。它们分布在上述各区的长城沿线附近，每处窑址都有砖窑或石灰窑 1 座至 28 座不等，就近供应修筑长城之需。

木料是修筑长城堡塞的重要建材之一，明代的《长安客话》记载："嘉靖中，胡守中以都御史奉玺书行边，乃出塞尽斩辽金以来松木百万，于喜逢口创建来远楼。"[2] 喜逢口位于今河北迁西县以北 30 公里、北京东偏北 160 公里，是长城上著名的关口。胡守中指挥士兵砍伐的森林，在长城以外、燕山南麓的今河北宽城、青龙、兴隆一带。此后不久他贪赃败露遭到惩处，来远楼也被水冲没，万历年间还能见到残存的基址。弘治元年（1488 年）十一月，刚从大同回京的太监金辅建议："宣府、大同宜增修城堡，其木植请量采备用，并禁约密云地方军民之冒禁采樵者。"[3] 此议虽被暂缓，却也证实木料是长城关塞和营房建设必须先行备好的建材。密云一带违规采木或打柴已比较多见，长城沿线其他地方也是如此。成化二年（1466 年）十一月，为加强陕西府谷县十九座城堡的防守，兵部尚书王复计划把它们增置挪移，前提之

[1] 李永强：《北京考古史·明代卷》，上海古籍出版社 2012 年版，第 94 ~ 97 页。
[2] 蒋一葵：《长安客话》卷七《关镇杂记》，第 151 页。
[3] 《明孝宗实录》卷二十，弘治元年十一月甲戌。

一就是备好木料，“趁今声息稍宁，先行摘发，军余采办木植。候春暖土开，委官监督，并力兴工”[1]。万历十四年（1586年）正月，大同督抚郑雒提出把土筑的镇河堡、镇虏堡用砖石包砌，“合用军夫匠役应支口粮，俱于河南班军所省行粮每年一万石之数内动支；盐、菜、炭价，木植等银，俱于河南班军价银内动支。自本年三月起工，限万历十五年九月完”[2]。这些都说明，在人力与砖瓦、石料之外，木料以及供应军人与民夫的柴炭、粮食、食盐、蔬菜等，也需要大笔费用才能解决。北京地区长城建设与维护的情形，应当与直隶、山西、陕西等省相近，只是历史文献的记载不够详尽而已。

长城建设需要大量木材，沿线森林却是天然的御敌屏障，明朝初期严厉禁止砍伐。随着官员追求奢侈、商人牟取暴利、地方通同枉法的加剧，相关禁令日渐弛废。成化至弘治年间的名臣马文升指出：“永乐、宣德、正统年间，边山树木无敢轻易砍伐，而胡虏亦不敢轻犯。自成化年来，在京风俗奢侈，官民之家争起第宅，木植价贵。所以，大同、宣府规利之徒、官员之家专贩伐木，往往雇觅彼处军民，纠众入山，将应禁树木任意砍伐。中间镇守、分守等官，或徼福而起盖淫祠，或贻后而修造私宅，或修改不急衙门，或馈送亲戚势要，动辄私役官军入山砍木，牛拖人

[1] 《明宪宗实录》卷三十六，成化二年十一月己丑。
[2] 《明神宗实录》卷一百七十，万历十四年正月甲子。

拽，艰苦万状。其本处取用者，不知其几何；贩运来京者，一年之间岂止百十余万？且大木一株，必数十年方可长成。今以数十年生成之木，供官私砍伐之用，即今伐之十去其六七，再待数十年，山林必为之一空矣。万一虏寇深入，将何以御，是自失其险阻而撤其藩篱也。静言思之，实可寒心。”[1]易州山场是供应北京柴炭燃料的基地，自明代一直持续到清代。边关禁山旨在发挥森林阻碍敌骑的军事作用，与烧炭采木者的愿望相互矛盾。嘉靖元年（1522年）保定巡抚周季凤指出：“缘边隘口山木，先朝皆有厉禁，近被奸民盗采，为生炭以觅利。宜申明旧约，犯者如法勿贷。……今方欲禁之以资障蔽，又纵其斩伐，则法难行矣。”[2]诸如此类的森林破坏，削弱了长城一线的军事屏障作用。到明朝后期，满洲骑兵南侵时甚至并不需要经过长城关口，而是在森林已经被砍伐尽净的地带漫山遍野而入，马文升等人此前的担忧不幸而言中了。

怎样把沉重的建筑材料搬运到高山峻岭之上，任何时候都是一个很大的难题。在近代工业机械出现之前，我国传统社会的运输技术发展相当缓慢。即使到了当代，交通困难的山区仍然不乏古时的影子。根据一般情形推断，运输的动力不外乎人力与畜力

[1] 马文升：《为禁伐边山林木以资保障事疏》，陈子龙等选辑《明经世文编》卷六十三《马端肃公奏疏》，中华书局1962年版，第528页。

[2] 《明世宗实录》卷十，嘉靖元年正月庚戌。

两种，同时再辅之以传统农业时代的某些运输工具。就人力运输而言，人拉肩扛和挑担抬筐是最常见、最普遍的运输方式，在山势崎岖、道路狭窄的长城工地尤其如此。修筑长城动用的人力往往成千上万乃至数十万或上百万，这样，在单人身挑肩扛或数人结组合力抬运的同时，也有条件动用大量人员排成相隔不远的长队逐次传递。元末熊梦祥《析津志》记载："金朝筑燕城，用涿州土。人置一筐，左右手排立定，自涿至燕传递。空筐出，实筐入，人止土一畚，不日成之。"[1]采用这类方式传递土筐或砖石，用人很多但能节省体力，避免往返奔波，就像人手组成的传送带一样，修筑长城的民夫或军人也极有可能使用了这种方法。

在可以用于运输的畜力中，毛驴温驯耐劳，爬山运输砖石等比较便利。善于爬坡的山羊，有时也被用来捎带若干砖瓦。

以人力为基础，传统的农用运输工具或简单的机械装置也会在长城工地上被使用。例如，木制独轮手推车运输砖瓦石灰等就比较灵便。

古代汲水的桔槔是对杠杆原理的运用，明代罗颀《物原》追述说："伊尹始作桔槔，史佚始作辘轳。"[2]这两位发明者分别是商代与西周人，可见其起源久远。受此启发做成的杠杆起重装

[1] 《日下旧闻考》卷三十七《京城总纪》引《析津志》，北京古籍出版社 1985 年版，第 588 页。

[2] 罗颀：《物原》，商务印书馆《丛书集成初编》本 1937 年版，第 34 页。

▲ 毛驴载物穿过城门洞（岳升阳摄）

▲ 桔槔（选自明崇祯十年刻本宋应星《天工开物》）

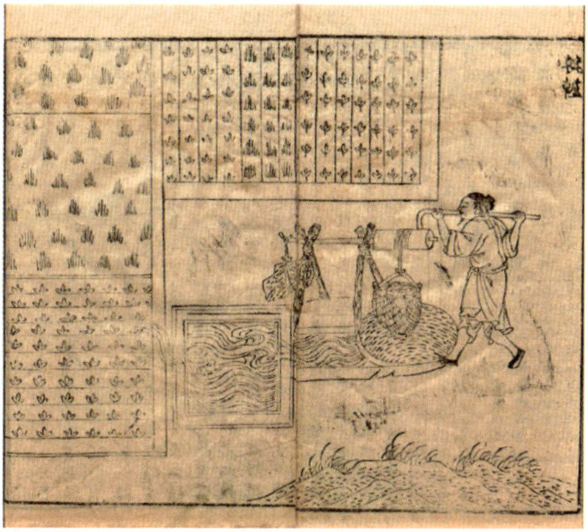

▲ 辘轳（选自明嘉靖九年山东布政司刊本王祯《农书》）

▲ 独轮车（选自明抄本宋应星《天工开物》）

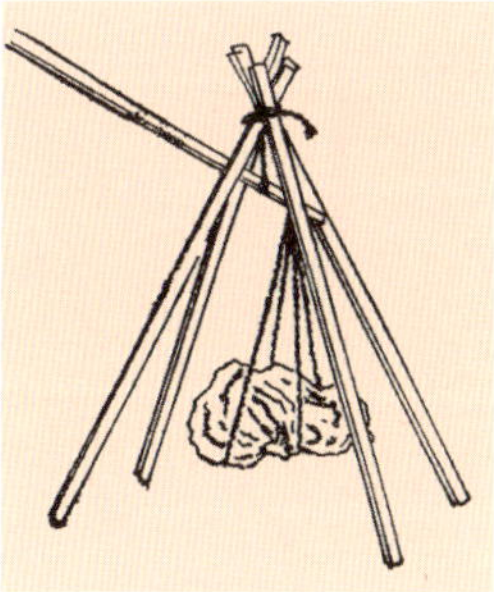

▲ 杠杆起重装置（选自《中国古代建筑辞典》）

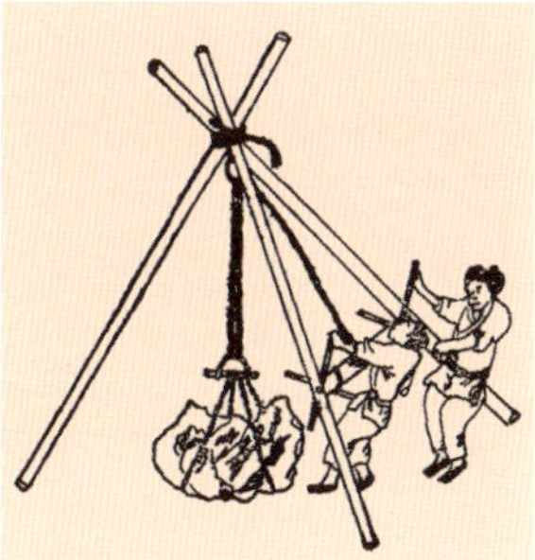

▲ 绞盘（选自《中国古代建筑辞典》）

置，通常埋设一根立柱或由三根木杆做成三脚架，中间悬吊一根木杆，一端吊物，另一端由人力扳动，这样便能够用较小的力吊起较重的物体，送到一定的高度和范围之内。

辘轳是轮轴类的起重装置，因为曲柄的回转半径大于辘轳头的半径，所以能用较少的人力提升较重的物体。我国农村使用辘轳提水灌溉农田，从古代一直持续到当代电力抽水机普遍应用之前。工地上的大型部件和沉重的建筑材料，同样可以使用辘轳吊起。

重达千斤的石条、石块等，需用多人以撬棍缓缓撬动，或借助滚木使之向前滑动，绞盘也是配套使用的技术之一。绞盘也叫绞车，是由辘轳发展而来的机械装置，可以数人操作，用于起吊大型石块和安装特大构建。《武经总要》记载："绞车，合大木为床，前建二叉手，柱上为绞车，下施四单轮，皆极壮大，力可挽二千斤。"[1]运输途中如果遇到难行的沟谷，还可能使用传统的溜索飞渡。以庞大的人力和物力为基础，辅以传统的简单机械，古人就是在这样的技术条件之下建造了万里长城。

岁岁防边辛苦多

修筑长城只是守边的第一步，筑城之后的防御体系建设与日

[1] 曾公亮：《武经总要前集》卷十二，解放军出版社、辽沈书社《中国兵书集成》影印明刻本 1987 年版，第 567 页。

常维护，则是更加繁复的国家大事。万历《大明会典》记载，嘉靖年间蒙古军队屡屡自古北口等关隘直抵北京城下，蓟镇护卫国都的压力日益沉重。朝廷于是增设总督将领，调各镇兵入卫，修筑墙台，军事布防在九边之中最为严整。到万历年间，蓟镇“见存城堡二百八十五座，空心敌台一千二百四十座，潮河川、大桥一座。昌平城堡二十八座，空心敌台二百五十余座，守边墩台一百六十九座”。朝廷规定驻守在蓟镇的兵马大量增加，在密云、昌平两处，“密云原额官军九千六百五员名，见额三万三千五百六十九员名；原额马二千三十二匹，见额马驴一万三千一百二十匹头。”“昌平原额官军一万四千二百九十五员名，见额一万九千三十九员名；原额马三千一十五匹，见额马驴五千六百二十五匹头。”[1]两地合计，设定的兵员总额比最初增加了28000余名，用于作战和运输的马驴增加了近14600匹。

嘉靖年间从各镇征调的精兵，本来是临时前来保卫北京，随后却发展成为春秋两班轮流到蓟镇戍守的常规制度。“每年春班，正月初旬上班，五月终旬放班。秋班，六月初旬上班，十一月终旬下班”，具体的轮班节点有时也会根据需要做些调整。嘉靖四十年（1561年）题准：“京营春秋二防，各选兵四枝，赴居庸防守。每枝三千人，马兵三百。步兵二千七百。”更有甚者，

[1] 《大明会典》卷一百二十九《镇戍四》，《续修四库全书》本，第307页。

某些卫所的入卫官军不再轮班，而是变为驻扎在长城一线苦寒之地的常年守军。比如，嘉靖年间令“兴营等卫、梁城等所班军，原系奏留古北口一带摆边。照旧常川在边防守，不必掣回分班”。“河间、天津等卫，每年轮班一千名，赴黄花镇防御。武清卫九百八十八名，于古北口住守。常川在彼，不必掣调”。“河间等卫班军二万二千九百九十六名，系腹里见听京操之数。悉听改发蓟镇，不必更番”[1]。常川，是经常或连续不断之意。明代戏剧家汤显祖《邯郸记》有“沉醉东风”曲牌：“守定着天山这条，休卖了卢龙一道。少则少千里之遥，须则要号头明，烽瞭远，常川看好。”[2] 剧中著名的“黄粱一梦”描写唐朝边塞战事，使用的则是明朝的长城印象与地理概念。

在春班、秋班之外，朝廷还募集了大量民兵，尤其是以纪律严明的江浙募兵取代慵懒涣散的北方士兵镇守长城关隘。《大明会典》记载：万历三年（1575 年），“募浙兵三千人，各给鸟铳赴镇，以备冲锋攻击”。四年，“添调南兵九千名以代客兵，专备守台”。“南兵分为二班，挨定年限。至期更番，即以旧将统领旧兵往回。”投入各镇防守的军队数量庞大，长城边塞的艰难苦寒也迫使不少士兵逃亡，朝廷因此规定了查核逃军的惩

[1] 《大明会典》卷一百二十九《镇戍四》，《续修四库全书》本，第 310 页。
[2] 汤显祖：《邯郸记》第十七出《勒功》，中华书局 1958 年影印《六十种曲》本，第 58 页。

罚措施。“逃至五百名者，总兵降俸一石。一千名者，降俸二石。一千五百名者，降俸三石。”[1]处罚随着辖下逃兵的增多而加重，总兵、游击、千总、把总各负其责。戚继光在蓟镇练兵以后创建车营，隆庆三年（1569年）题准，蓟镇和昌镇“练兵车七营。每营用重车一百五十六辆，轻车二百五十六辆，步兵四千，骑兵三千，驾轻车马二百五十六匹”。万历元年（1573年）“又令各标、各路、各车营，准加马一千六百一十四匹，加曳车骡一千五百五十五头”[2]。

在建筑材料的生产和运输之外，保障驻军的粮食供应也是巩固长城防线的重要条件。明代来自南方的漕粮从海上航道或沿着大运河抵达天津，再经大运河送到通州。一部分存入通州，一部分运到北京城储存在朝阳门内的仓廒。这些漕粮中的一部分或由通州沿着潮白河继续北上，或由陆路运输，供给密云等地的卫所关隘驻军。宣德九年（1434年）五月“行在户部奏：雾灵山采木军夫工匠数多，月支口粮艰于转运，请召商于密云县黑峪口新盖仓纳粮”[3]。雾灵山在北京密云与河北兴隆县交界之处，黑峪口在主峰正北约6公里，是扼守安达木河上游的长城关口。需要新建粮仓储存伐木士兵的口粮，足见伐木人数之众，他们也是为修

[1] 《大明会典》卷一百二十九《镇戍四》，《续修四库全书》本，第309页。
[2] 《大明会典》卷一百二十九《镇戍四》，《续修四库全书》本，第312页。
[3] 《明宣宗实录》卷一百一十，宣德九年五月壬午。

筑长城服务的一部分。嘉靖三十四年（1555 年），朝廷接受了总督蓟辽保定军务都御史杨博的建议："请开密云白河以济粮运。于杨庄地方筑塞新口，使白河之故道疏通，与潮河之水合而为一。仍于密云城西修筑泊岸，以防城墉崩塌之患。"[1]这项工程俗称"遏潮壮白"或"引白壮潮"，两个名称只是以哪条河流为主的视点不同，并不影响最后的结果。通过开挖人工河道，原来在密云城南向西南流的潮河变为西流，密云城西北向西南流的白河变为南流，潮河与白河在密云城西南不远处的河漕村汇流，以下河段即称潮白河。

经过这样一番改造，从通州出发的漕船可以沿着潮白河逆流而上，直抵密云城下，把漕粮就近运输到蓟镇的长城沿线。隆庆五年（1571 年），兵部右侍郎刘应节重提"通漕密云"之议："旧昌平运额共十八万石有奇，今止十四万，密云仅得十万，惟赖召商一法，而地瘠民贫，势难长恃。闻通仓粟多红朽，若漕五万石于密云，而以本镇折色三万五千两留给京军，则通仓无腐粟，京军沾实惠，密云免佥商，一举而三善备矣。"[2]这个建议表明，潮白河的漕运水平依然未达到理想目标，守边士兵的日渐增多加大了军粮供应的压力。明代先后在昌平州设居庸仓、黄花镇仓、延庆仓、渤海仓、白羊仓、奠靖仓、镇边仓、广济仓、横岭仓，

[1]　《明世宗实录》卷四百十九，嘉靖三十四年二月丙子。

[2]　《明史》卷二百二十《刘应节传》，第 5788 页。

密云县设镇边城隆庆仓、墙子岭广盈仓、古北口仓、石匣仓、白马关广储仓、曹家寨广有仓、石塘岭广丰仓、大水谷广积仓，平谷县设积留仓、将军石营仓、猪圈头营仓、熊儿谷仓等[1]。这些粮仓的设置，与长城沿线主要关隘卫所的布局彼此对应。

即使如此，长城沿线的守军依然长期陷入粮食紧张和饷银不足的困境。嘉靖九年（1530年）三月，御史王道提议："边墩军士昼夜瞭望，不得休息。宣大、陕西墩军，月粮之外，仍加口粮一石。黄花镇、密云、马阑谷、太平寨等处无之。食不能饱，而欲责其巡哨，难矣。乞视宣大等例，量给口粮二三斗。至于军士追奔堵截，动出百里，或按伏数日，即随在给与刍粟。顷因无事混支，乃因言官建议，一概裁减，以致军馁马疲，往往败衄，请复其旧。"[2]这个主张虽被兵部否决，却真实反映了蓟镇守军的辛劳和窘迫。嘉靖四十一年（1562年）三月，总理蓟镇宣大粮饷户部左侍郎霍冀、蓟州总督侍郎杨选，奉旨勘查上奏"蓟镇客兵粮饷不敷之数"。他们指出，每年发给本镇主兵与外来客兵的饷银，十余年间尽管增长了两三倍甚至更多，但十之七八都消耗在增兵方面。"往时蓟镇主客止四五路，今则增为十区，而副参、游守节年添设，不啻数倍矣。往时未有客兵，俱主兵调遣。今则不远千里，而山、陕、辽、保分番征调，已十余年矣。往者在边止于防秋，今则戍守无

[1] 《大明会典》卷二十一《仓庾一》，《续修四库全书》本，第354页。
[2] 《明世宗实录》卷一百十一，嘉靖九年三月癸卯。

虚月、无虚岁矣。此年例之所以愈增而愈不足也。”他们还强调，本镇主兵的月粮依靠民运，但各省短缺的军粮数往往以万石计算，这就使军队和地方政府形成了十种弊端：“揽收诓骗于奸民，逋欠抗违于巨室，批关展转于虚文，侵欠观望于蠲免。此四者，军民之蠹也。会派爽于成限，征敛失于及时，比并混于无等，核蠲征之不实，稽销注之欠严，追逋负之无法，屯租之毙犹之民粮，武弁不职甚于有司。此六者，官司之蠹也。”[1] 由军事问题引发的经济问题与社会问题，反过来加重了军事上的颓败之势，以蓟镇为代表的长城沿线大多如此。

秦隋俱成前车鉴

古代不论哪个民族的统治者占据中原，只要北方还存在着可能成为对手的游牧民族政权，他们都要把修筑长城作为稳定边境、保护农业文明区域的手段之一。例如，北魏是来自北方的鲜卑族拓跋氏建立的政权，但当他们以中原农业文明区作为统治中心之后，仍然活动在北方的柔然等游牧民族就是必须戒备的对象，修筑长城因此成了不可或缺的防御措施。太和三年（479 年），高闾上表孝文帝，建议修筑北部边塞六镇境内的长城：“计筑长城，

[1] 《大明世宗实录》卷五百七，嘉靖四十一年三月甲午。

其利有五：罢游防之苦，其利一也；北部放牧，无抄掠之患，其利二也；登城观敌，以逸待劳，其利三也；省境防之虞，息无时之备，其利四也；岁常游运，永得不匮，其利五也。”[1]任何一项规模庞大的工程都是难以计数的民力所聚，后来者的受益和文化积淀是前人付出的惨重代价的换化物。在人们的脑海里，谈起万里长城势必想到秦始皇，提到大运河立刻记起隋炀帝，就是因为他们为此动用了太多的民力，造成了巨大的人员伤亡和社会破坏，进而激起各地纷纷举兵反抗。修筑长城与征兵守边引发的社会动荡，也以秦朝和隋朝两个短暂的朝代最为典型，滥用民力加速了它们的灭亡。

东汉应奉说："秦筑长城，徒役之士亡出塞外，依鲜卑山，因以为号。"[2]西周至秦代活跃在北方的游牧民族东胡、山戎与鲜卑自有其渊源关系，但应奉指出了秦代修筑长城的苦役有很多逃亡到鲜卑所在地区的史实。比逃亡更剧烈的反抗是揭竿而起，正如范文澜先生指出的那样："秦始皇过度使用民力，虽然很多措施有利于统一，但人民也确实疲惫不堪了。秦二世昏暴无比，征发到闾左，农民被迫大起义，迅速地推倒了秦朝的统治。"[3]陈胜吴广起义与北方戍边直接相关，《史记》记载："二世元年（前

[1] 《魏书》卷五十四《高闾传》，第 1202 页。
[2] 《史记》卷一百十《匈奴列传》司马贞《史记索隐》，第 2883 页。
[3] 范文澜：《中国通史》第二册，人民出版社 1978 年版，第 35 页。

209 年）七月，发闾左適戍渔阳，九百人屯大泽乡。陈胜、吴广皆次当行，为屯长。会天大雨，道不通，度已失期。失期，法皆斩。陈胜、吴广乃谋曰：‘今亡亦死，举大计亦死。等死，死国可乎？’”[1] 这里的“闾”或“里”是古代城乡聚落的基层组织单位，“闾左”是闾里之门左侧的区域，也用来指代居住在其间的贫民。秦朝的“闾左”依照法律不应被征发，但由于戍边和服劳役所需的人力太多，居住在“闾右”的富者已远远不敷驱使，于是扩大范围征发到“闾左”。陈胜、吴广一行九百人要“適戍渔阳”，也就是发到渔阳去充军戍边。秦代渔阳郡的治所在今北京密云西南三十里，那时虽然未修长城却也是重要的关塞所在。在这之后，武臣响应陈胜起义，历数秦朝数十年的乱政：“北有长城之役，南有五岭之戍。外内骚动，百姓罢敝。头会箕敛，以供军费。财匮力尽，民不聊生。”[2] 头会箕敛，意思是国家按人头计算征收赋税，官吏闯入百姓家用畚箕收敛钱粮。修筑长城与维系长城防线带来的沉重负担，加剧了秦朝的经济衰败与社会动荡。

两汉是秦朝的直接继承者，长城之役带来的社会危害屡次被视为治理国家的反面典型。西汉伍备向淮南王刘安讲述秦朝的乱源，其中之一就是“遣蒙恬筑长城，东西数千里，暴兵露师常数十万。死者不可胜数，僵尸千里，流血顷亩。百姓力竭，欲为乱

[1] 《史记》卷四十八《陈涉世家》，第 1950 页。

[2] 《史记》卷八十九《张耳陈馀列传》，第 2573 页。

者十家而五”[1]。汉景帝时期的晁错把守边备塞、劝农力本作为当世急务。他上疏指出：“秦之戍卒不能其水土，戍者死于边，输者偾于道。秦民见行，如往弃市，因以谪发之，名曰‘谪戍’。先发吏有谪及赘婿、贾人，后以尝有市籍者，又后以大父母、父母尝有市籍者，后入闾，取其左。发之不顺，行者深怨，有背叛之心。”[2]秦朝征发民夫的范围逐步扩大，最后几乎遍及所有阶层，激起全社会的反抗势所必然。汉武帝时期的严安说：“秦祸北构于胡，南挂于越，宿兵无用之地，进而不得退。行十余年，丁男被甲，丁女转输，苦不聊生，自经于道树，死者相望。”[3]男子从军戍边，女子运输粮草，这样沉重的劳役持续十多年，逼得百姓在道路两旁的树上自缢。汉元帝时期的贾捐之指出，秦朝“天下溃畔，祸卒在于二世之末，‘长城之歌’至今未绝”[4]。他不仅将修筑长城视为秦朝亡国的因素之一，并且把历史的回声比喻为“长城之歌”，提醒后来者引以为戒。东汉史学家班固感叹：“秦始皇即位三十九年，内平六国，外攘四夷，死人如乱麻，暴骨长城之下，头卢相属于道，不一日而无兵。由是山东之难兴，四方溃而逆秦。秦将吏外畔，贼臣内发，乱作萧墙，祸成二世。”[5]

[1] 《史记》卷一百一十八《淮南衡山列传》，第 3086 页。
[2] 《汉书》卷四十九《晁错传》，第 2284 页。
[3] 《史记》卷一百一十二《平津侯主父列传》，第 2958 页。
[4] 《汉书》卷六十四下《贾谊传》，第 2831 页。
[5] 《汉书》卷六十三《武五子传》，第 2771 页。

杨终上疏汉章帝，亦称“秦筑长城，功役繁兴，胡亥不革，卒亡四海”[1]。直到唐代，狄仁杰仍在建议武则天以秦朝为鉴：“昔始皇穷兵极武，以求广地。男子不得耕于野，女子不得蚕于室。长城之下，死者如乱麻。于是天下溃叛。”[2]诸如此类的文字俯拾即是，秦朝为了修筑长城、四处征伐而滥用民力，成了汉代以后劝告帝王吸取历史教训的一面镜子。

隋炀帝大修长城期间，无比沉重的劳役造成大量人口在短时间内死亡。大业三年（607 年）七月“发丁男百余万筑长城”，虽然工期只有短短的“一旬而罢”，但在绵长的长城线上，十来天之内居然造成了“死者十五六”的惨痛后果。整个工程下来，死难者合计有五六十万人之多，平均每天死去五六万人。修长城、征辽东与开凿大运河积累起来的社会矛盾，很快就在大业末年酿成了推翻隋朝的各地起义。隋朝以后的许多朝代，都对修筑长城的必要性及其利弊得失做过深入思考和讨论。以隋为鉴的李世民任用李靖、李勣等名将大败突厥。“太宗谓侍臣曰：‘隋炀帝不能精选贤良、安抚边境，惟解筑长城以备突厥，情识之惑，一至于此！朕今委任李世勣于并州，遂使突厥畏威遁走、塞垣安静，岂不胜远筑长城耶？’”[3]当然，这番评论是在战争取得决定性

[1] 《后汉书》卷四十八《杨终传》，第 1598 页。

[2] 《旧唐书》卷八十九《狄仁杰传》，第 2890 页。

[3] 《旧唐书》卷六十七《李勣传》，第 2486 页。

胜利的前提下所言，突厥诸部或已降附，或已远遁。时移世易，历代不同，据此否定长城作为御敌屏障的作用，持论显然也并不平允。

到唐代中期的贞元年间，边防的重心集中在河西陇右地区，“西北边常以重兵守备，谓之防秋，皆河南、江淮诸镇之军也。更番往来，疲于戍役”。宰相陆贽察觉到“中原之兵，不习边事。及扞虏战贼，多有败衄。又苦边将名目太多，诸军统制不一，缓急无以应敌”，因此上疏提出安边御敌之策。他认为，施行德化安抚与崇尚军队武威互有优劣，“务和亲者，则曰要结可以睦邻好，曾莫知我结之而彼复解也。美长城者，则曰设险可以固邦国而扞寇仇，曾莫知力不足、兵不堪则险之不能有也。”这就需要根据已经变化了的现实情况制定具体方针，“盖以中夏之盛衰异势，夷狄之强弱异时，事机之利害异情，措置之安危异便。知其事而不度其时则败，附其时而不失其称则成。形变不同，胡可专一！”[1]站在这样的视角考察某个朝代是否需要修筑长城，那就必须分析中原与北方各族在彼时彼地的所处形势、盛衰强弱、利害安危，再根据不断变化的政治军事形势以及现实的需要和可能，在恰当的时机制定恰当的应对策略，而不能仅仅为了符合某种固定的观念。在历代关于长城存废的争论中，陆贽的主张应是最为客观全

[1] 《旧唐书》卷一百三十九《陆贽传》，第 3804 ~ 3805 页。

面的真知灼见。

来自东北的女真人建立金朝、定都燕京即中都之后，西北的蒙古诸部成为他们必须防范的强大力量。金世宗大定年间，北部边境连年传来遭受侵扰的消息，“朝廷欲发民穿深堑以御之”。后世所谓“金界壕”不同于通常以砖石垒砌修筑的长城，而是在北方草原地区挖掘宽阔绵长的深沟，然后将泥土堆积在深沟的某一侧，二者共同发挥阻滞敌骑的作用。它把传统的筑高墙变为掘深堑，是独树一帜的长城形态。当朝廷准备征发民夫以延续早期做法时，名臣李石与丞相纥石烈良弼都认为不可。他们指出：“古筑长城备北，徒耗民力，无益于事。北俗无定居，出没不常，惟当以德柔之。若徒深堑，必当置戍，而塞北多风沙，曾未期年，堑已平矣。不可疲中国有用之力，为此无益。”[1]游牧民族的高度机动性，大风扬沙对壕堑的迅速淤埋，置戍守卫的沉重负担，都是金朝必须考虑的利弊所在，于是他们最终放弃了挖掘深堑的计划。

到明朝时期，永乐年间放弃外长城之后只能依赖九边。在这样的形势下，修筑长城就成了必要的御敌之策。嘉靖年间开始的调动春秋两班军队加强蓟镇守卫的情形，与唐朝贞元年间西北防秋客兵“更番往来、疲于戍役”极为接近，国家由此背上沉重负

[1] 《金史》卷八十六《李石传》，第 1915 页。

担也是无可奈何的事情。清代康熙帝否定整修古北口一带边墙的上谕称："帝王治天下自有本原，不专恃险阻。秦筑长城以来，汉、唐、宋亦常修理，其时岂无边患？明末我太祖统大兵长驱直入，诸路瓦解，皆莫敢当。可见，守国之道惟在修德安民，民心悦则邦本得，而边境自固，所谓众志成城者是也。如古北、喜峰口一带，朕皆巡阅，概多损坏。今欲修之，兴工劳役，岂能无害百姓？且长城延袤数千里，养兵几何方能分守？"[1]这个观点与唐太宗批评隋炀帝"不择人守边，劳中国筑长城以备虏"[2]一样，自有其爱惜民力的一面，却也只是分别在已经北逐突厥势力与平定准噶尔叛乱之后才说的话。一个国家如果时刻面临外敌入侵却没有强大的国防，无疑也就没有安定、和平与发展可言。尽管清朝极为自然地消弭了中原与北方各族之间的矛盾，奠定了当代中国版图的基础，但并不能因此就可以否定长城在历史上曾经发挥的和平保障作用。

[1] 《清圣祖实录》卷一百五十一，康熙三十年四月丙午。

[2] 《新唐书》卷九十三《李勣传》，第 3818 ~ 3819 页。

抒发对长城地理风物的赞美和感叹，讴歌守边将士的艰苦生活和豪迈气概，表达对长城建设者和守卫者的悲悯，寄托与长城相关的社会历史问题的思考，构成了塞上歌吟的基本内容，它们无疑是长城文化史上璀璨夺目的华章。

第八章　塞上歌吟动地来

▲ 巨龙腾飞（臧未盈摄）

中国是诗的国度，边塞诗以描写守边军队生活和边疆地理风物为主，是文学史上独具特色的诗歌类型。在诗歌创作达到巅峰的唐代，高适、岑参、王昌龄等著名诗人将汉魏以来的传统发扬光大，引领了雄浑刚健、沉郁悲壮的一代边塞诗风，为后来者树起了一座座仰之弥高的文学丰碑。万里长城处在古代中国农业与游牧两种文明类型的交错地带，在很长时期内也是南北不同政权、不同民族之间的大致分界。守卫长城或出塞击敌是保境戍边的基本任务，这样的环境与生活也是边塞诗发展壮大的天然沃土。抒发对长城地理风物的赞美和感叹，讴歌守边将士的艰苦生活和豪迈气概，表达对长城建设者和守卫者的悲悯，寄托与长城相关的社会历史问题的思考，构成了塞上歌吟的基本内容，它们无疑是长城文化史上璀璨夺目的华章。这里按照时间与类别略取几例，以涉及长城北京段及周边地区的边塞诗为主，兼及某些在更广阔的范围内描写北方长城的杰出作品。

悲壮《饮马长城窟》

秦汉长城的修建，促使汉代的乐府诗歌出现了以《饮马长城窟》或《饮马长城窟行》为题的长短歌行，并逐渐成为与乐谱相脱离的一种古诗体裁，后世又有《拟饮马长城窟行》之类的诗题。长城窟，指长城脚下的泉眼。这类作品大多描写戍边征战、服役修城与彼此思念之苦。汉乐府民歌《饮马长城窟行》，即“青青河畔草，绵绵思远道”，就是表现一位妇女思念远方亲人的名篇。嗣后以此为题的诗歌，魏文帝曹丕用以向孙权炫耀军威，西晋傅玄之作也是寄托思念之情。《乐府诗集》卷三十八《饮马长城窟行》题下著录的其他作品，作者自汉末陈琳到唐代的僧人子兰[1]，或讲述秦朝长城之役带给百姓的苦难，或描写长城内外战争的激烈悲壮，或宣扬隋唐时期长城内外武功之盛，文学旨趣各依作者的身份和立场而定。

陈琳《饮马长城窟行》是最早直接描写秦朝修筑长城给百姓带来巨大痛苦的佳作。作者是东汉末年的“建安七子”之一，曾为袁绍起草讨伐曹操的著名檄文。全诗以五言为主，杂用七言，表现边塞服役的极度劳苦与大量死亡，以及家中妇人的悲苦与坚

---

[1] 郭茂倩编：《乐府诗集》卷三十八，中华书局 1979 年版，第 556 ~ 561 页。下引诸诗出于此卷者不再另注，个别文字据《文苑英华》《古诗源》等版本择善而从。

韧，读来令人掩卷叹息。“生男慎莫举，生女哺用脯。君独不见长城下，死人骸骨相撑拄”，更是早已成为千古名句。诗曰：

饮马长城窟，水寒伤马骨。往谓长城吏，慎莫稽留太原卒。官作自有程，举筑谐汝声。男儿宁当格斗死，何能怫郁筑长城。长城何连连，连连三千里。边城多健少，内舍多寡妇。作书与内舍：“便嫁莫留住。善事新姑嫜，时时念我故夫子。”报书往边地：“君今出语一何鄙！身在祸难中，何为稽留他家子。生男慎莫举，生女哺用脯。君独不见长城下，死人骸骨相撑拄。结发行事君，慊慊心意关。明知边地苦，贱妾何能久自全。”

陆机是西晋初年著名的文学家和书法家，他的《平复帖》是我国现存最早的古代名人书法真迹。他在《饮马长城窟行》里，歌颂了将士们不顾赏赐微薄、不惜为国捐躯，要沿着甘延寿和陈汤的足迹出塞扫灭强敌的壮志。甘延寿和陈汤在西汉元帝时建功西域，“犯强汉者，虽远必诛”就出自他们的奏疏[1]。诗曰：

驱马陟阴山，山高马不前。往问阴山候，劲虏在燕然。戎车无停轨，旌旆屡徂迁。仰凭积雪岩，俯涉坚冰川。冬来秋未反，

[1] 《汉书》卷七十《甘延寿陈汤传》，第3015页。

去家邈以绵。猃狁亮未夷，征人岂徒旋。末德争先鸣，凶器无两全。师克薄赏行，军没微躯捐。将遵甘陈迹，收功单于旃。振旅劳归士，受爵藁街传。

沈约是历经南朝宋、齐、梁三个时期的文学家和史学家，他编纂的《宋书》后来成为二十四史之一。六句五言诗《饮马长城窟》，显示了出塞将士冒着严寒披坚执锐、纵马驱敌的豪情：

介马渡龙堆，涂萦马屡回。前访昌海驿，杂种寇轮台。旌幕卷烟雨，徒御犯冰埃。

张正见是南朝梁陈之际以五言诗闻名于世的诗人，他的《饮马长城窟行》描写了战马在塞外险恶环境中的痛楚，借此表达对官府征发徭役的哀怨：

秋草朔风惊，饮马出长城。群惊还怯饮，地险更宜行。伤冰敛冻足，畏冷急寒声。无因度吴坂，方复入羌城。

陈叔宝即陈后主，他虽是历史上著名的亡国之君，但遣词绮丽的《饮马长城窟行》却也富有英气：

征马入他乡，山花此夜光。离群嘶向影，因风屡动香。月色含城暗，秋声杂塞长。何以酬天子，马革报疆场。

王褒在南北朝时期初仕南朝梁，西魏攻陷江陵后不得南返，继而再入北周，是与庾信齐名的文学家。他的《饮马长城窟》展现了塞北征战的艰辛与地理环境的苦寒：

北走长安道，征骑每经过。战垣临八阵，旌门对两和。屯兵戍陇北，饮马傍城阿。雪深无复道，冰合不生波。尘飞连阵聚，沙平骑迹多。昏昏陇坻月，耿耿雾中河。羽林犹角牴，将军尚雅歌。临戎常拔剑，蒙险屡提戈。秋风鸣马首，薄暮欲如何。

北周尚法师，生平不详。其《饮马长城窟》借助一匹随军战马的经历，折射出将军在塞外征途上无惧冰雪激流、时常披星戴月的艰辛：

长城征马度，横行且劳群。入冰穿冻水，饮浪聚流文。澄鞍如渍月，照影若流云。别有长松气，自解逐将军。

隋炀帝是历史上以滥用民力修筑长城、开挖运河著称的君王，

▲ 雪拥边塞（吴文涛摄）

也是一位颇为自负的诗人。《隋书·文学列传》说:“炀帝初习艺文,有非轻侧之论。暨乎即位,一变其风。其《与越公书》《建东都诏》《冬至受朝诗》及《拟饮马长城窟》,并存雅体,归于典制。虽意在骄淫,而词无浮荡,故当时缀文之士,遂得依而取正焉。所谓能言者未必能行,盖亦君子不以人废言也。”[1]所谓“非轻侧之论”,是反对轻艳靡丽、力求典雅华美的一种文学主张。魏徵等人虽然贬抑杨广赋诗意在炫耀的动机,但对其作品的文学成就和社会影响却能予以客观评价。身为皇帝的杨广所咏《饮马长城窟行》,自然与陈琳描写百姓之苦的风格迥异:

肃肃秋风起,悠悠行万里。万里何所行,横漠筑长城。岂台小子智,先圣之所营。树兹万世策,安此亿兆生。讵敢惮焦思,高枕于上京。北河见武节,千里卷戎旌。山川互出没,原野穷超忽。撞金止行阵,鸣鼓兴士卒。千乘万旗动,饮马长城窟。秋昏塞外云,雾暗关山月。缘岩驿马上,乘空烽火发。借问长城侯,单于入朝谒。浊气静天山,晨光照高阙。释兵仍振旅,要荒事方举。饮至告言旋,功归清庙前。

台,这里读作yí,是“我”的谦称。“岂台小子智,先圣之所营。

[1] 《隋书》卷七十六《文学列传》,第1730页。

树兹万世策，安此亿兆生”这几句，是隋炀帝在表达修筑长城的合理性和必要性：修筑长城岂是我这个晚生后辈的智慧？这是来自前辈圣人的创举。修筑的目的在于建立延续永久的方略，以此确保天下百姓的安宁。诗中还有对筑城的宏大场面、安边效果的描述，遣词造句不失其帝王气魄。

唐太宗与隋炀帝是管理国事一治一乱的典型，他也有名诗《饮马长城窟行》，同样蕴含着鼓励将士为国建功的期待。诗云：

塞外悲风切，交河冰已结。瀚海百重波，阴山千里雪。迥戍危烽火，层峦引高节。悠悠卷旆旌，饮马出长城。寒沙连骑迹，朔吹断边声。胡尘清玉塞，羌笛韵金钲。绝漠干戈戢，车徒振原隰。都尉反龙堆，将军旋马邑。扬麾氛雾静，纪石功名立。荒裔一戎衣，灵台凯歌入。

李世民的“荒裔一戎衣，云台凯歌入”一句，是希望追随他的文官武将像东汉刘秀的“云台二十八将”那样名垂后世，后来他命阎立本绘画“凌烟阁二十四功臣”与此一脉相承。诗中的描写更侧重于展现戍边的艰苦与军威的雄壮，这与他在隋唐之际经常率军平乱御敌、冲锋陷阵有关。

隋唐之际的名臣虞世南、袁朗，在各自的《饮马长城窟行》中既有对塞外从军艰辛的描述，也有对唐太宗的颂扬。从诗的内容来看，武则天至唐玄宗时代著名边塞诗人王翰的《饮马长城窟行》，重新回归到诉说修筑长城及戍边征战之苦的传统主题上来。诗云：

长安少年无远图，一生惟羡执金吾。骐驎前殿拜天子，走马为君西击胡。胡沙猎猎吹人面，汉虏相逢不相见。遥闻鼙鼓动地来，传道单于夜犹战。此时顾恩宁顾身，为君一行摧万人。壮士挥戈回白日，单于溅血染朱轮。回来饮马长城窟，长城道傍多白骨。问之耆老何代人，云是秦王筑城卒。黄昏塞北无人烟，鬼哭啾啾声沸天。无罪见诛功不赏，孤魂流落此城边。当昔秦王按剑起，诸侯膝行不敢视。富国强兵二十年，筑怨兴徭九千里。秦王筑城何太愚，天实亡秦非北胡。一朝祸起萧墙内，渭水咸阳不复都。

王翰首先刻画唐朝壮士为国征战的勇猛无畏和卓越功勋，继而感叹秦朝修筑长城造成死者累累，指出此举实际上是在筑造天怒人怨，最终导致秦朝灭亡的因素不是北边的胡人而是统治者的奢侈无度与内部纷争。这首诗的思想性与杜牧《阿房宫赋》一样深刻，“灭六国者六国也，非秦也。族秦者秦也，非天下也”[1]。

王建是唐代中期的著名诗人，出身寒微，长期接触下层百姓

[1] 杜牧：《樊川文集》卷一《阿房宫赋》，上海古籍出版社 1978 年版，第 2 页。

的生活。贞元十三年（797 年）开始从军十三年，到过幽州等地区。他的边塞诗有《古从军》《远征归》《闻故人自征戍归》《幽州送申稷评事归平卢》《凉州行》《辽东行》等。其《饮马长城窟》描写了戍边的悲壮与战争的残酷，“健儿战死谁封侯”一句的反诘与曹松“一将功成万骨枯”同样深刻：

长城窟，长城窟边多马骨。古来此地无井泉，赖得秦家筑城卒。征人饮马愁不回，长城变作望乡堆。蹄迹未干人去近，续后马来泥污尽。枕弓睡著待水生，不见阴山在前阵。马蹄足脱装马头，健儿战死谁封侯？

子兰是唐末长安僧人，他的《饮马长城窟行》由诗题生发开去，述说长城脚下的泉水曾经浸泡征人骸骨，比喻流水之声似是战死的孤魂在呜咽，极尽沉痛悲苦之状：

游客长城下，饮马城长窟。马嘶闻水腥，为浸征人骨。岂不是流泉，终不成潺湲。洗尽骨上土，不洗骨中冤。骨若比流水，四海有还魂。空流呜咽声，声中疑是言。

唐朝过后，“饮马长城窟”多次作为成句融入描写长城的诗歌里。汪元量是南宋末年的诗人和宫廷琴师，临安被蒙古攻陷后随被俘的皇室北上燕京，曾到狱中探望文天祥，至元二十五年（1288 年）出家为道士。其诗多记国亡前后之事，《长城外》极言秦筑长城死者之众。诗云：

饮马长城窟，马繁水枯竭。水竭将奈何，马嘶不肯歇。君看长城中，尽是骷髅骨。骷髅几千年，犹且未灭没。空衔千年冤，此冤何时雪。祖龙去已远，长城久迸裂。叹息此骷髅，夜夜泣秋月。[1]

明代洪武至建文年间的文学家方孝孺以品行端正著称，留在历史上最惨烈的纪录，是拒绝为燕王朱棣草拟即位诏书被灭十族。其《勉学诗》之一，批评秦朝苛政引起民怨沸腾，修长城之举如同地上掘出的苦水一样贻害久远。诗云：

饮马长城窟，窟中水无多。秋风动百草，水面亦生波。长城备外侮，室内起干戈。非关绝地脉，乃是伤人和。不见丰水上，灵台郁嵯峨。前有《大雅》诗，后有秦民歌。锸涂得苦水，流毒如江河。[2]

---

[1] 汪元量：《水云集》之《长城外》，《四库全书》本。

[2] 方孝孺：《勉学诗》，钱谦益编《列朝诗集》甲集二十二，清宣统二年影印顺治九年毛氏汲古阁刻本，第 3 页。

万历年间的魏学礼是富有才名的儒生，曾应征进入史馆。他的《春思曲》，描写女子“误嫁游侠郎”引起的思念，寄托了对边境和平、早日团聚的热切期待。兹节录数行如下：

别意落凄枝，闲怀写愁叶。……明月两悬思，黄沙孤断肠。饮马长城窟，结客少年场。……已遣轻车迎日逐，更驱枭骑斩屠耆。李广军中无部伍，昭君马上作阏氏。年年边徼休乘障，处处铙歌听凯辞。但使金微长息战，与君朝夕共袴麋。[1]

《饮马长城窟》到清代仍是描写边塞风雪与战争艰辛的诗题，尽管出现的次数已经较少。康熙年间举人傅昂霄之作，得到沈德潜的高度赞善，称其“非浸淫唐贤者不能”。其诗曰：

君不见长城之北青海边，平沙直上黄云天，沙中白骨堆何年？阴山九月风怒号，风吹戍火连云高。云中五原军出幕，左贤右贤心胆落，军中大将闻姓霍。鼓声如雷笳声死，冒围脱走天骄子。烽烟一扫万里秋，汉家天子恩未酬，男儿何用言封侯。太白蚀月旄头没，归来饮马长城窟。[2]

[1] 魏学礼：《春思曲》，《列朝诗集》丁集第八，第 53 ~ 54 页。
[2] 傅昂霄：《饮马长城窟》，沈德潜编《清诗别裁集》卷九，河北人民出版社 1997 年版，第 182 页。

边塞诗人出盛唐

不论就哪种体裁、哪种内容而言，唐代都是诗歌创作的鼎盛时期，边塞诗的发展也是如此。李白、杜甫等诗人不乏描绘边塞风光与战争之苦的杰作，王昌龄、高适、岑参等更是在文学史上被称为“边塞诗人”。整个时代的文风士气决定了边塞诗的风格，在艰苦悲壮之外更多地展现了刚健豪迈的大唐雄风。这样的文学瑰宝不胜枚举，只能选择描写长城与战争的若干代表作以见一斑。这里仅以盛唐诗人为主，按作者年齿为序，以晚唐僧人贯休做结。

王翰（687 ~ 726 年）的《饮马长城窟行》已见于前节征引。他更著名的边塞诗是《凉州词二首》，其中第一首传诵最广。诗曰：

葡萄美酒夜光杯，欲饮琵琶马上催。醉卧沙场君莫笑，古来征战几人回？

秦中花鸟已应阑，塞外风沙犹自寒。夜听胡笳折杨柳，教人意气忆长安。[1]

---

[1] 王翰：《凉州词二首》，彭定求编《全唐诗》卷一百五十六，中华书局 1960 年版，第 1605 页。

李颀（690～751年）的边塞诗《塞下曲》，反映雁门郡“金笳吹朔雪，铁马嘶云水”的戍边生活。雁门与幽州毗邻，都是长城沿线的重镇。《古塞下曲》刻画了奔赴蓟城前线的复杂心情，其中“蓟城通漠北”显示出唐代幽州作为北方军事中心的地位：

行人朝走马，直指蓟城傍。蓟城通漠北，万里别吾乡。海上千烽火，沙中百战场。军书发上郡，春色度河阳。袅袅汉宫柳，青青胡地桑。琵琶出塞曲，横笛断君肠。[1]

李颀更著名的《古从军行》，描写战场环境的险恶、追击敌人的艰辛。“行人刁斗风沙暗，公主琵琶幽怨多”流传广泛。“年年战骨埋荒外，空见蒲桃入汉家”，具有反思士兵付出生命的价值究竟何在的意味。诗人刻画的场景远在西北地区，却也代表了整个长城沿线戍边将士的境遇。诗曰：

白日登山望烽火，黄昏饮马傍交河。行人刁斗风沙暗，公主琵琶幽怨多。野云万里无城郭，雨雪纷纷连大漠。胡雁哀鸣夜夜飞，

[1] 李颀：《塞下曲》《古塞下曲》。《全唐诗》卷一百三十二，第1338页。

胡儿眼泪双双落。闻道玉门犹被遮，应将性命逐轻车。年年战骨埋荒外，空见蒲桃入汉家。[1]

王昌龄（698 ~ 757 年）是与岑参、高适同样知名的边塞诗人，他的五言诗《塞下曲》四首与《从军行》，展现了将军出征的威武与边塞战斗的惨烈。代表王昌龄边塞诗最高艺术成就、古今广为流传的名作，是他的七言绝句《从军行》七首与《出塞》二首。这些作品以唐代西北战事为背景，诗中的长城、玉门关等在一定意义上脱离了具体的地物，带上了更多的象征意义。《从军行》七首云：

烽火城西百尺楼，黄昏独上海风秋。更吹羌笛关山月，无那金闺万里愁。

琵琶起舞换新声，总是关山旧别情。撩乱边愁听不尽，高高秋月照长城。

关城榆叶早疏黄，日暮云沙古战场。表请回军掩尘骨，莫教兵士哭龙荒。

青海长云暗雪山，孤城遥望玉门关。黄沙百战穿金甲，不破楼兰终不还。

[1] 李颀：《古从军行》。《全唐诗》卷一百三十三，第 1348 页。

大漠风尘日色昏，红旗半卷出辕门。前军夜战洮河北，已报生擒吐谷浑。

胡瓶落膊紫薄汗，碎叶城西秋月团。明敕星驰封宝剑，辞君一夜取楼兰。

玉门山嶂几千重，山北山南总是烽。人依远戍须看火，马踏深山不见踪。[1]

西汉名将李广长期在上谷、上郡、陇西、北地、雁门、代郡、云中、右北平等北方边郡做太守，右北平郡南境有著名的卢龙塞（今河北迁西县喜峰口一带），唐代的卢龙城在其东南。司马迁说："广居右北平，匈奴闻之，号曰'汉之飞将军'，避之数岁，不敢入右北平。"[2]王昌龄《出塞》之一早已尽人皆知，表达了对"龙城飞将"李广的敬仰和期盼，是后人推崇备至的千古名篇。明代敖英编纂《唐诗绝句类选》，施㲄宾为之作序。敖英批注："'秦时明月'一首，用修、于鳞谓为唐绝第一。"[3]杨慎，字用修，著有《升庵诗话》；李攀龙，字于鳞，编纂《唐诗选》。施㲄宾认为："李青莲《清平三调》淋漓紫绮，实唐三百年一人。

[1] 王昌龄：《从军行七首》，《全唐诗》卷一百四十三，第 1444 页。

[2] 《史记》卷一百九《李将军列传》，第 2871 页。

[3] 敖英原编、凌云补辑：《唐诗绝句类选》卷二眉批，明崇祯间吴兴凌氏三色套印本。

维王龙标差堪伯仲，而《从军行》遂足压卷。”[1]前者指李白“云想衣裳花想容”等《清平调》三首，以其号“青莲居士”称之；后者即王昌龄《从军行》，以其曾为龙标县尉而名。《出塞》之二，记录了一场战争刚刚结束时的景象。两首七绝如下：

秦时明月汉时关，万里长征人未还。但使龙城飞将在，不教胡马度阴山。

骝马新跨白玉鞍，战罢沙场月色寒。城头铁鼓声犹震，匣里金刀血未干。[2]

李白（701 ~ 762 年）描写边塞与战争的诗作，举凡《塞下曲六首》《胡无人》《关山月》《独不见》《出自蓟门北行》《从军行》等，都交织着悲壮与刚健的情怀。《战城南》从桑干河源头的山西写起，这里有战国时期赵国修筑的长城，此后又被秦朝利用。诗中提到秦筑长城、汉举烽火的历史，生动显示了战争的残酷性与破坏力，最后以“乃知兵者为凶器，圣人不得已而用之”收束，表现了反对无休止杀戮的态度。诗曰：

去年战，桑干源；今年战，葱河道。洗兵条支海上波，放马

[1] 施叒宾：《唐七言绝选叙》。《唐诗绝句类选》卷首。
[2] 王昌龄：《出塞二首》。《全唐诗》卷一百四十三，第 1444 页。

天山雪中草。万里长征战，三军尽衰老。匈奴以杀戮为耕作，古来唯见白骨黄沙田。秦家筑城备胡处，汉家还有烽火燃。烽火燃不息，征战无已时。野战格斗死，败马号鸣向天悲。乌鸢啄人肠，衔飞上挂枯树枝。士卒涂草莽，将军空尔为。乃知兵者是凶器，圣人不得已而用之！[1]

《北风行》应是李白在天宝十一载（752 年）游历幽州一带期间所作。诗中的妇女在十二月的幽州倚门遥望，思念在长城前线服役的丈夫。他留下的虎皮金柄的箭袋上结了蛛网，旧物还在，人已战死。睹物思人，悲从中来，只得将其烧成灰烬，生离死别之恨却绵绵不绝。轩辕台一般认为在今河北涿鹿县东南桥山南侧，燕山、幽州等也表明诗中的长城就在今北京以北的燕山一线。诗曰：

烛龙栖寒门，光曜犹旦开。日月照之何不及此，惟有北风号怒天上来。燕山雪花大如席，片片吹落轩辕台。幽州思妇十二月，停歌罢笑双蛾摧。倚门望行人，念君长城苦寒良可哀。别时提剑救边去，遗此虎文金鞞靫。中有一双白羽箭，蜘蛛结网生尘埃。箭空在，人今战死不复回。不忍见此物，焚之已成灰。黄河捧土

[1] 李白：《战城南》。《全唐诗》卷一百六十二，第 1682 页。

尚可塞，北风雨雪恨难裁。[1]

高适（704 ~ 765 年）的诗歌创作，以边塞诗成就最高。开元十九年（731 年）之后的数年里，他在燕赵地区游历，欲投幽州节度使张守珪的幕府。天宝九载（750 年）秋，到清夷军（治今河北怀来东南的旧怀来，今官厅水库区）解送兵员。以这些亲身经历为背景，他描写蓟门、幽州、长城、居庸关的边塞诗，如《塞上》《塞下曲》《蓟门五首》《燕歌行》《蓟中作》《使清夷军入居庸三首》《送兵到蓟北》《自蓟北归》等，反映戍边军人的豪情与艰辛，揭露边将不恤士卒、朝廷安边无策的弊端，大都具有雄浑悲壮的风格。《蓟门行五首》云：

蓟门逢故老，独立思氛氲。一身既零丁，头鬓白纷纷。勋庸今已矣，不识霍将军。

汉家能用武，开拓穷异域。戍卒厌糠核，降胡饱衣食。关亭试一望，吾欲泪沾臆。

边城十一月，雨雪乱霏霏。元戎号令严，人马亦轻肥。羌胡无尽日，征战几时归。

幽州多骑射，结发重横行。一朝事将军，出入有声名。纷

[1] 李白：《北风行》，《全唐诗》卷一百六十二，第 1688 页。

纷猎秋草，相向角弓鸣。

黯黯长城外，日没更烟尘。胡骑虽凭陵，汉兵不顾身。古树满空塞，黄云愁杀人。[1]

代表高适边塞诗最高成就的《燕歌行》，是开元二十六年（738 年）奉和出塞归来的朋友之作。诗中的东北、榆关、碣石、蓟北等地名显示，创作的空间背景是此前作者游历过的幽州北部，但也融合了对于唐代其他地区边塞战争的艺术想象。作者着力表现士兵为国征战的英勇气概，讽刺将帅的骄奢淫逸。这一带正是西汉李广做右北平郡太守时练兵御敌之地，诗人最后表达了对飞将军的怀念，颇具“闻鼙鼓而思良将”的意味。诗云：

汉家烟尘在东北，汉将辞家破残贼。男儿本自重横行，天子非常赐颜色。摐金伐鼓下榆关，旌旆逶迤碣石间。校尉羽书飞瀚海，单于猎火照狼山。山川萧条极边土，胡骑凭陵杂风雨。战士军前半死生，美人帐下犹歌舞。大漠穷秋塞草腓，孤城落日斗兵稀。身当恩遇恒轻敌，力尽关山未解围。铁衣远戍辛勤久，玉箸应啼别离后。少妇城南欲断肠，征人蓟北空回首。边庭飘

[1] 高适：《蓟门行五首》。《全唐诗》卷二百十一，第 2190 页。

飙那可度，绝域苍茫更何有。杀气三时作阵云，寒声一夜传刁斗。相看白刃血纷纷，死节从来岂顾勋。君不见沙场征战苦，至今犹忆李将军。[1]

杜甫（712 ~ 770 年）最著名的边塞诗《前出塞九首》与《后出塞五首》，反对战争中的滥杀无辜，表达了壮士建功边塞的渴望，更有对从征士兵的深切同情。“《前出塞》为征秦陇之兵赴交河而作，《后出塞》为征东都之兵赴蓟门而作也。”[2] 其中《前出塞》之六最广为人知：

挽弓当挽强，用箭当用长。射人先射马，擒贼先擒王。杀人亦有限，列国自有疆。苟能制侵陵，岂在多杀伤。[3]

“蓟门”与“幽州”往往是泛指北方边塞的文学语言，《后出塞五首》则是确指幽州长城沿线。前四首逐次回忆一名士兵投身边塞以来的经历，青年时期满怀立功封侯的凌云壮志，在军中见惯了主将的骄横跋扈与士兵的艰苦备尝。第五首转入对现实的描写，所记应是天宝十四载（755 年）之事。当时安禄山在幽州

[1] 高适：《燕歌行》，《全唐诗》卷二百十三，第 2217 ~ 2218 页。
[2] 《全唐诗》卷二百十八《前出塞九首》，第 2292 页。
[3] 杜甫：《前出塞九首》之六，《全唐诗》卷二百十八，第 2292 页。

与契丹开战，朝廷随之征兵相助，但他不久即起兵反叛。安史之乱爆发后，河北诸郡与东都洛阳迅速沦陷，此即“坐见幽州骑，长驱河洛昏”之谓。唐军附逆从贼者众多，唯有此人半夜从小路逃回以保全名节。归来后但见家乡已成空村，自己从军二十年却落得孑然一身。第一首中的热切期望与第五首的凄凉绝望形成了强烈对比，象征着边塞老兵的普遍命运：

男儿生世间，及壮当封侯。战伐有功业，焉能守旧丘。召募赴蓟门，军动不可留。千金买马鞭，百金装刀头。闾里送我行，亲戚拥道周。斑白居上列，酒酣进庶羞。少年别有赠，含笑看吴钩。

我本良家子，出师亦多门。将骄益愁思，身贵不足论。跃马二十年，恐辜明主恩。坐见幽州骑，长驱河洛昏。中夜间道归，故里但空村。恶名幸脱免，穷老无儿孙。[1]

岑参（718 ~ 769 年）与高适并称“高岑”，他的从军生涯是在西北地区度过，因此不曾直接描写幽州一带长城沿线的战争。但是，这位盛唐时代边塞诗数量最多、成就最突出的诗人，举凡《走马川行奉送出师西征》《轮台歌奉送封大夫出师西征》等名篇，写尽了大漠风尘、边关风雪与守边将士的昂扬斗志，七绝《逢

[1] 杜甫：《后出塞五首》之一、之五，《全唐诗》卷二百十八，第 2293 页。

入京使》等饱含着浓重沉郁的思乡之情，足以代表北方边塞生活的风貌。这里选取《白雪歌送武判官归京》一首，以见其新奇意境与磅礴气势。诗云：

北风卷地白草折，胡天八月即飞雪。忽如一夜春风来，千树万树梨花开。散入珠帘湿罗幕，狐裘不暖锦衾薄。将军角弓不得控，都护铁衣冷难着。瀚海阑干百丈冰，愁云惨淡万里凝。中军置酒饮归客，胡琴琵琶与羌笛。纷纷暮雪下辕门，风掣红旗冻不翻。轮台东门送君去，去时雪满天山路。山回路转不见君，雪上空留马行处。[1]

足迹遍布长城内外的盛唐诗人，把边塞诗的创作推进到后世无人企及的高峰。唐末诗僧和画家贯休（832 ~ 912 年）的《杞梁妻》，重新回归关于秦朝修筑长城的文学化描写。杞梁妻之哭，发生在春秋时期的齐国，而且与修筑长城毫无关系。《左传》记载，鲁襄公二十三年（前 550 年），齐国大夫华周、杞梁（名殖，字梁）跟随齐侯攻打莒国时战死。“齐侯归，遇杞梁之妻于郊，使吊之。辞曰：‘殖之有罪，何辱命焉？若免于罪，犹有先人之敝庐在，

[1] 岑参：《白雪歌送武判官归京》，《全唐诗》卷一百九十九，第 2050 页。“忽然”，此处从众作“忽如”。

▲ 边关残雪（吴文涛摄）

下妾不得与郊吊。’齐侯吊诸其室。”[1]这段故事说，齐侯战败退兵回国，在郊外遇见了迎候灵柩的杞梁妻，于是派人就地吊丧。按照古礼，郊外吊丧只适用于地位低贱者，而不是像杞梁这样地位很高的大夫。因此，杞梁妻坚决推辞说：“杞殖如果有罪，岂敢辱没国君吊丧？倘若国君认为他没罪，家里还有先人留下的几间破房子，我不能在郊外接受吊丧。”齐侯认为杞梁妻所说符合礼制，于是前往杞梁家中吊唁。这里的杞梁之妻，是一个明晓礼仪、敢于直言的女子形象。到西汉刘向编撰《说苑》时，此事就增加了许多夸张的成分，借孟尝君之口变为“昔华舟（即华周）、杞梁战而死，其妻悲之，向城而哭，隅为之崩，城为之阤”[2]，一哭而使城角崩溃、城墙塌陷。由于秦始皇修筑长城产生了无可比拟的历史影响，后世随之将这个故事移植附会到秦朝。历经民间多次演义和陆续补充，大约在宋代以后，杞梁变成了范喜良，杞梁之妻变成了孟姜女，形成了完整的“孟姜女哭长城”的传说，世人对秦始皇的印象也大多受到了这类通俗文学广泛传播的影响。贯休之诗作于唐末，正处于故事即将定型的前夜。诗曰：

[1] 《左传·襄公二十三年》，杨伯峻《春秋左传注》，中华书局 1981 年版，第 1084 ~ 1085 页。

[2] 刘向：《说苑》卷十一《善说》，向宗鲁《说苑校证》，中华书局 1987 年版，第 272 页。

秦之无道兮四海枯，筑长城兮遮北胡。筑人筑土一万里，杞梁贞妇啼呜呜。上无父兮中无夫，下无子兮孤复孤。一号城崩塞色苦，再号杞梁骨出土。疲魂饥魄相逐归，陌上少年莫相非。[1]

宋使元臣多感怀

五代后晋石敬瑭把幽蓟等十六州奉送契丹，随后建立的宋朝几次北伐失败后彻底失去了燕山一线的军事屏障，两国在订立澶渊之盟后以白沟为界，进入了长达百年之久的南北和平时期。北宋使者出使辽国、南宋使者出使金国，都要经过长城要塞古北口等地，因此留下了不少记载见闻和抒发感慨的诗歌。辽朝人士的长城诗几乎无处找寻，金代与元代则有不少经过古北口、居庸关等长城要隘时的写景咏怀之作。辽金与元代都是来自塞外的少数民族建立的政权，长城南北归于一家，但它在朝代更替之际仍然是一道重要的军事屏障。

谒庙缅怀杨无敌

契丹于太平五年（1025 年）在古北口修建杨无敌庙，或称杨

[1] 贯休：《杞梁妻》，《全唐诗》卷八百二十六，第 9304 页。

令公庙、杨令公祠，纪念被誉为“杨无敌”的北宋名将杨业，以表达对忠臣烈士的敬意以及对宋朝的友好。杨业在北宋雍熙三年（986年）随宋军北伐，被统帅潘美、监军王诜逼迫，在明显不利的形势下强行与契丹交锋。杨业力战多时撤至山西朔州陈家谷口（今山西宁武北），原先约定在此埋伏接应的潘美与王诜却不见踪影。杨业力战负伤被俘，绝食三日不屈而死。北宋使者刘敞、苏颂、苏辙等出使契丹时取道古北口，都到庙中拜谒并留诗缅怀。刘敞作于北宋至和二年（1055年）的《杨无敌庙》云：

西流不返日滔滔，陇上犹歌七尺刀。恸哭应知贾谊意，世人生死两鸿毛。[1]

刘敞在庙里看到杨业的塑像，联想到晋末名将陈安与西汉政论家贾谊。崔鸿《十六国春秋》记载：陈安，字虎侯，“骁壮果毅，武干过人，多力善射，持七尺刀，贯甲奔及驰马”。“善于抚绥，吉凶险夷与众共之”。他勇猛善战、爱惜士卒却屡遭其他将领嫉妒，被刺伤后幸得逃脱，后又在陇西称王，最终死于攻打前赵的战场。“陇上人思之，为作《壮士之歌》”，其

[1] 刘敞：《杨无敌庙》，北京大学古文献研究所编《全宋诗》卷四百八十八，北京大学出版社1992年版，第5916页。

▲ 杨无敌庙（吴文涛摄）

中有“七尺宝刀配齐环，丈八蛇矛左右盘。……西河之水东河流，阿呵呜呼奈子何”[1]等句。贾谊才华横溢却遭朝中文武排挤，被贬至长沙，英年早逝。这一文一武的命运与杨业相似，不免令刘敞浮想联翩、倍感凄然。

北宋熙宁十年（1077年），苏颂与张宗益（字仲巽）出使契丹，途中多有唱和。苏颂《和仲巽过古北口杨无敌庙》称颂杨业：

汉家飞将领熊罴，死战燕山护我师。威信仇方名不灭，至今奚虏奉遗祠。[2]

《全宋诗》采用清末藏书家丁丙八千卷楼本，所载苏颂诗中的“奚虏”二字，《苏魏公文集》清抄本作“遗虏”，四库全书本作“边塞”，中华书局标点本作“遗俗”。不同时代对于民族关系的认识不断变化，刊刻的诗文也随之留下了避讳某些语词的挖改痕迹。

苏辙《过杨无敌庙》，作于北宋元祐四年（1089年）八月，是宋朝使者同类诗歌中最著名的一首。诗云：

行祠寂寞寄关门，野草犹知避血痕。一败可怜非战罪，太刚

[1] 崔鸿：《十六国春秋》卷十《前赵录十·陈安》，《四库全书》本。
[2] 苏颂：《和仲巽过古北口杨无敌庙》，《全宋诗》卷五百三十一，第6414页。

嗟独畏人言。驰驱本为中原用，尝享能令异域尊。我欲比君周子隐，诛彤聊足慰忠魂。[1]

诗的大意是：杨无敌庙孤寂地依附在古北口的关门，庙宇四周的野草似乎也有灵性，有意躲避着将军的浑身血痕。杨业不幸兵败并非作战不力所致，只是因为性情太过刚直而遭到奸人攻击陷害，想来令人心存畏惧、长吁短叹。您平生本来是为中原大宋效命疆场，却能得到异国君臣的祭祀和尊崇。我要把您比作西晋名将周子隐，只有诛杀了司马彤之类的奸贼，才能多少告慰为国尽忠的英魂。苏辙诗中提到的周子隐，就是京剧《除三害》里刻画的知过即改、终成大器的西晋周处。执法严明的周处得罪了梁王司马彤，嗣后出征平乱时被挟私报复。司马彤逼迫周处率军出击却绝其后援，危急时刻按兵不动，终至周处力战而死。杨业被潘美、王诜逼迫赴死的情形与周处的遭遇如出一辙，苏辙因此把两位名将的命运联系起来。契丹在杨业并未到过的古北口为他修建祠庙，足见其义勇忠直的精神受到了长城内外各民族的共同敬仰。

彭汝砺在北宋元祐六年（1091 年）出使辽国，也在古北口拜谒了杨无敌庙。杨业死后被追赠太尉，因此彭汝砺的诗题为《古

[1] 苏辙：《栾城集》卷十六《奉使契丹二十八首·过杨无敌庙》，第 395 ~ 396 页。

北口杨太尉庙》。诗曰：

将军百战死嵚岑，祠庙岩岩古到今。万里胡人犹破胆，百年壮士独伤心。遗灵半夜雨如雹，馀恨长时日为阴。驿舍怆怀心欲碎，不须更听鼓鼙音。[1]

嵚岑，指山势高险的样子，诗中用以形容杨业之死很不平凡。杨无敌生前令敌人闻风丧胆，身后百年仍使宋朝的壮士想起来就感到难过。作为使者的诗人从庙中回到驿馆，尽管没有听到当年的战鼓声，却依然满怀悲愤、伤心欲碎。

竞夸居庸气势雄

金朝与元朝分别是来自塞北的女真族与蒙古族建立的国家，据有淮河以北的金朝以燕京为中都，实现南北统一的元朝改中都为大都。燕山一线的长城关隘在朝代交替之际或本国内战中仍然具有突出的军事意义，平时则无须像秦汉隋唐那样用以防御来自北方的侵扰。因此，这两个时代长城诗的重点，转变为描写居庸关等处的险要地势和经行见闻，其间还包括由眼前景物引发的联想。

---

[1] 彭汝砺：《古北口杨太尉庙》，《全宋诗》卷八百九十七，第 10504 页。

▲ 雄关险隘（臧未盈摄）

宇文虚中是两宋之际的名臣，进入南宋后出使金国被滞留北方，官至礼部尚书。他图谋复宋却遭秦桧告密，因此被金人杀害。《过居庸关》先写出使途中所见的地理风物，后用“节旄都落尽，奔走愧平生”一语透出作为使者的艰辛以及两国交涉未能如愿的感喟：

奔峭从天拆，悬流赴壑清。路回穿石细，崖裂与藤争。花已从南发，人今又北行。节旄都落尽，奔走愧平生。[1]

金初的文坛领袖蔡珪《出居庸》，以“乱石妨车毂，深沙困马蹄”形容穿越关沟时的艰难[2]。大定年间刘迎《晚到八达岭下达旦乃上》和《出八达岭》，有“我车从其间，摇兀如病齿”，“山险略已出，弥望尽荒坡”之类的描写[3]，两个诗题是迄今所见“八达岭”作为山岭名称载入文献的最早记录，也是这个地名的语源与蒙古语或满语毫无关系的有力证据。他的另一首纪行诗《南口》，以“危峰张屏帏，峻壁开户牖。崩腾来阵马，翔舞下灵鹫”[4]等句，生动描绘了居庸关南口的险要地形。

[1] 宇文虚中：《过居庸关》，《中州集》卷一，第7～8页。
[2] 蔡珪：《出居庸》，《中州集》卷一，第39页。
[3] 刘迎：《晚到八达岭下达旦乃上》《出八达岭》，《中州集》卷三，第117页。
[4] 刘迎：《南口》，《中州集》卷三，第116页。

郝经是由金入元的著名学者，他在《居庸行》诗中，首先描写关口形势的险要：“惊风吹沙暮天黄，死焰燎日横天狼。巉巉铁穴六十里，塞口一喷来冰霜。”继而揭示金朝空有天险却最终不守的原因：“当时金源帝中华，建瓴形势临八方。谁知末年乱纪纲，不使崇庆如明昌。”[1]金末举国仓皇南渡，终究很快归于灭亡。郝经另有《居庸关铭》，作于中统元年（1260年）忽必烈即将定都燕京之际。他在序文中指出：居庸关“中原能守，则为阳国北门。中原失守，则为阴国南门。故自汉唐辽金以来，尝宿重兵，以谨管钥”。出于这样的考虑，他撰写铭文交给燕京道宣慰府在关上刻石，用以提醒朝廷重视居庸关的作用，并请求派兵守护国都的这道北门。铭是刻在器物或碑碣上的文字，以纪念、称颂、警戒为主旨，通常是韵文，在某种意义上可视为与诗相近的一类文体。《居庸关铭》叙述关口的地理形势和军事价值，期望以金朝为戒常备不懈，尤其强调人的作用胜过天然险要，力求避免重蹈历史的覆辙。铭曰：

国宅天都，高寒之区，居庸其枢兮。

辽右古北，阴幽沙碛，控带陁狐兮。

山连岭重，键闭深雄，巍巍帝居兮。

[1] 郝经：《陵川集》卷十《居庸行》，《四库全书》本。

伊昔掣锁，金源败破，遂为坦途兮。
函谷一夫，百万为鱼，竟执哥舒兮。
思启封疆，备不可忘，祸生不虞兮。
寇不可玩，机不可缓，实惟永图兮。
天险地险，莫如人险，兵刃相须兮。
刻铭岩嵎，用告仆夫，当戒覆车兮。[1]

元代实行两京制，皇帝在朝臣和军队的扈从下，春末离开大都到内蒙古闪电河畔的上都避暑，秋后再从上都回到大都过冬，往返都需经过居庸关。自世祖至元年间到顺帝至正年间，举凡刘秉忠、陈孚、薛元卿、揭傒斯、袁桷、贡奎、元明善、黄溍、马祖常、吴师道、柳贯、周伯琦、迺贤、王英等人，都有以《居庸关》《居庸行》《度居庸关》之类为题的诗歌。这些作品大都以描述地理风物、雄关险要为主，萨都剌《过居庸关》与李继本《度居庸》则是另一种风格的杰作。

过关赋诗念民瘼

萨都剌在至顺四年（1333 年）所作的《过居庸关》，表现了对历史的深刻反思。他强烈谴责长城沿线历代战争带来的过度杀

[1] 郝经：《陵川集》卷二十一《居庸关铭》，《四库全书》本。

戮，深切同情遭受战争残害的士兵和百姓，期望天神下界搬走高山险阻，实现天下永久和平。“前年人复铁作门”一句是说，自金朝末年在居庸关铸铁门抵御蒙古骑兵以来，元文宗在此前爆发的“两都之战”中，为阻止上都军队的进攻，再次加强了居庸关的防守。萨都剌写道：

居庸关，山苍苍，关南暑多关北凉。天门晓开虎豹卧，石鼓昼击云雷张。关门铸铁半空倚，古来几度壮士死。草根白骨弃不收，冷雨阴风泣山鬼。道傍老翁八十余，短衣白发扶犁锄。路人立马问前事，犹能历历言丘墟。夜来锄豆得戈铁，雨蚀风吹失颜色。铁腥惟带土花青，犹是将军战时血。前年人复铁作门，貔貅万灶如云屯。生存有功挂玉印，死者谁复招孤魂。居庸关，何峥嵘，上天胡不呼六丁，驱之海外休甲兵。男耕女织天下平，千古万古无战争。[1]

至正十七年（1357 年）进士李继本《度居庸》，是一首风格独特的叙事诗，描写一家人在岁末寒冬赶着牛车经过居庸关的艰难路程，反映了地形之险、气候之恶与民众之苦。诗云：

[1] 萨都剌：《雁门集》卷一《过居庸关》，《四库全书》本。

岁暮矣，风凄凄，车中行客胡不归。一车南，一车北，南来北去何时息。车行欲近关上头，鞭牛不前吁可愁。须臾推挽在平地，车中儿女欢且讴。短褐萧萧风雪里，山径荒寒多虎兕。呼儿取火供晚炊，瓦铛黍米和沙煮。黄昏露宿官道边，茅店鸡鸣载行李。殷勤起谢车中人，万岭千山多苦辛。严风吹雪皮肉死，一身只有筋骨存。安得筋骨化为山下土，填却千山万山无险阻，尽使行人免愁苦。[1]

元末中书左丞许有壬，以民间传说为基础创作了诗歌《喜逢口》。喜逢口，即喜峰口，在今河北迁西县，是幽州东北长城上位于古北口与山海关之间的重要关口。许有壬诗前有短序简述故事梗概："滦阳驿东北四十里有双冢。世传，昔有久戍不归者，其父求之，适相遇此山下，相抱大笑，喜极而死，遂葬于是。俗因谓之喜逢口，亦犹望夫之有石也。虽莫究其世代姓氏，而其言有足感人者，故作诗以纪之。"滦阳驿，在今迁西县西北汉儿庄。由喜峰口向东，长城尽头的山海关有望夫石，相传上面有孟姜女登石望夫留下的脚印。国内其他地方的多处望夫石，通常以望夫之女化为石像而得名。喜峰口与望夫石的传说，都是民众对朝廷征发大量夫役修筑长城与长期戍边的控诉。许有壬写道：

[1] 李继本：《一山文集》卷一《度居庸》，《四库全书》本。

儿寒解衣重抚摩，儿饥推食孰忍诃。长成与国远负戈，一去不返当如何。去时云戍东北鄙，直出榆关度辽水。白头郎罢与影俱，岂惮山川千万里。天教此地适相逢，父曰从天坠吾子。笑疲乐极俱殒身，谁谓情钟遽如此。官家开边方未已，同生又别宁同死。山云漠漠风飕飕，山头双冢知几秋。当时不忍一朝喜，今日翻飞千载愁。犹胜贞女化为石，终古孤身双不得。清江寒影日悠悠，行人一去无消息。[1]

状物纪事推明诗

明代是历史上对长城的军事防御功能依赖性最强的朝代，北部防线一退再退之后，终于把国都北京推到了军事前沿，形成所谓“天子守国门”的尴尬局面。以北京为中心的长城防御体系空前完整，时人比喻说：“宣府、大同，藩篱也；居庸、紫荆，门户也；顺天、真定、保定等府州县，堂室也。藩篱密，斯门户固；门户固，斯堂室安。”[2] 明代上述区域在军事上的密不可分，决定了其间描写长城的诗歌也应当被视为一个以北京为中心的整体，因此需要从更广阔的范围内加以考察而不是仅仅局限于长城

[1] 许有壬：《圭塘小稿》卷二《喜逢口》，《四库全书》本。
[2] 《日下旧闻考》卷五《形胜》引《渔石集》，第 83 页。

的北京段。诗人笔下的古北口、居庸关以及其他城堡烽燧是其核心部分，紫荆关、宣府镇、雁门关等也不可忽视。

古北居庸关塞险

与此前各朝一样，古北口、居庸关既是穿越山岭的交通孔道，又是长城北京段最重要的关口。驻守或经行此地的将领、官员等各类人士，留下的以《塞上曲》或《古北口》《居庸关》等为题的诗歌不胜枚举，仅《日下旧闻考》著录的作者就有袁忠彻、倪敬、张宁、李梦阳、许天锡、边贡、董毅、王讴、李默、周金、唐顺之、许倓、王慎中、李宗枢、苏佑、刘侃、应云鸑、皇甫汸、徐渭、章士雅、汤显祖、冯琦、公鼐、陈子龙等二十余位。将长城关口以山川险要为主的地理风物与戍边军队不畏艰辛的雄壮气势相互映衬，是他们在诗中惯用的写作手法。

古北口是北京的北大门，唐顺之《古北口城》一诗附注："此城雄据山顶，盖徐武宁之经略也。"武宁，是徐达的谥号。诗曰：

诸城皆在山之窈，此城冠山如鸟巢。鼓角千峰虎旅散，汉胡一路犬牙交。熟夷生虏递番覆，怪石崩川争怒号。到此令人思猛士，天山万里纵鸣弰。[1]

---

[1] 唐顺之：《古北口城》，《列朝诗集》丁集第一，第 28 页。

▲ 箭扣雄姿

董穀、许俟和汤显祖亦有诗曰：

洗剑潮河冰满川，弯弓古北雪封鞴。将军好著烧荒令，莫遣花当易视边。[1]

古北关前月似霜，石塘岭下塞云黄。鸣笳夜半边声起，不是征夫亦断肠。[2]

鸦鹘盘云秋气清，香河饮马暮嘶声。新穿绣甲花褛子，知是潮河第一营。[3]

古北口与居庸关之间的黄花城有独特的军事地位，明代蒋一葵指出："黄花镇正为京师北门。东则山海，西则居庸，其北切邻四海冶，有索振、阿罗豆儿诸夷住牧，极为紧要之区。"索振或作色振儿、色镇儿，阿罗豆儿或作阿耨豆儿，都是蒙古朵颜别部的首领。章士雅《黄花镇》诗云：

天险曾开百二关，黄花古镇暮云间。平沙不尽胡儿种，绝徼

[1] 董穀：《塞上曲》，陈田辑撰《明诗纪事》戊签卷十二，上海古籍出版社1993年版，第1602页。
[2] 许俟：《塞上曲》，《日下旧闻考》卷一百五十三引《西峪集》，第2461页。
[3] 汤显祖：《玉茗堂全集·诗集》卷十四《送陆生从军蓟门二首》，《续修四库全书》第1362册，第830页。

时闻汉使还。万骑烟尘驱大漠，一宵风雪守天山。将军莫信封侯易，百战归来鬓已斑。[1]

居庸关是北京的西北孔道，诗人对它的吟咏远远多于古北口。袁忠彻《出居庸关作》描绘关口形势之险、明成祖率军出塞气势之盛、路途崎岖与顶风冒雪之难，堪称豪放派诗歌的代表，其间还有些模仿李白《蜀道难》的痕迹。诗云：

居庸之关何壮哉，悬崖峭壁高崔嵬。乃知造化钟神秀，翠削芙蓉天际开。是时銮舆北巡狩，百万貔貅度关口。旌旗翻风晓日寒，千官扈跸森前后。此关自昔能摧车，十步九折羊肠纡。登危历险足踯躅，以手抚膺长叹吁。回首群峰列其下，怪石崭岩如立马，苍虬偃蹇走松盘，银汉砯砰飞瀑泻。凛然霜气侵骨毛，五月坚冰犹未消。星辰咫尺疑可摘，耳边灵籁闻嘈嘈。漫传天设分南北，四海当今同辙迹。草木均沾雨露恩，环护黄图永无极。[2]

除了展现山川形胜刚健雄伟的气势，吟咏居庸关的诗人也在回顾和反思历史，揭露他们亲眼看到的边防线上的种种弊端。边

[1] 蒋一葵：《长安客话》卷七《边关杂记》，第143页。

[2] 袁忠彻：《出居庸关作》，《日下旧闻考》卷一百五十四引《袁尚宝集》，第2483页。

贡“锁钥还思寇丞相，长城不用李将军”[1]，由居庸关联想到寇准在宋辽缔结澶渊之盟前后的中流砥柱作用，讽喻朝廷选将不力就像舍弃飞将军李广一样。汤显祖强调“但得辕门能拜将，边墙何用两三重”[2]，表达了选将用人得当胜过广修边墙的思想。刘侃感叹“瀚海旌旗无日罢，玉门车马几人还”[3]，冯琦表示“但使此关长镇静，不烦仗策取封侯”[4]，都对实现边境和平充满期待。嘉靖年间王慎中《望居庸关》诗曰：

设险真夸六郡雄，天山九塞有居庸。陉连白马悬边月，塞压黄花起朔风。未有捷书传大内，尚闻猎火照云中。北平飞将今谁是，已见东南杼轴空。[5]

诗人表面上纵谈居庸之险及其与黄花镇、倒马关的密切关联，真正的意图却是担忧宣府、大同一带的边塞战争持续不断。更严重的问题在于，当今谁是西汉右北平郡太守、飞将军李广那样能够御敌的英杰？为了支撑规模庞大的戍边与旷日持久的战争，来

[1] 边贡：《居庸二首》，《日下旧闻考》卷一百五十四引《华泉集》，第2483页。
[2] 汤显祖：《玉茗堂全集·诗集》卷十四《送陆生从军蓟门二首》，《续修四库全书》第1362册，第830页。
[3] 刘侃：《居庸晚眺》，《日下旧闻考》卷一百五十四引《新阳馆集》，第2484页。
[4] 冯琦：《出居庸》，《长安客话》卷七《边关杂记》引，第141页。
[5] 王慎中：《望居庸关》，《日下旧闻考》卷一百五十四引《遵岩集》，第2484页。

自东南地区的巨量财富已被掏空。杼轴是织布机上的两个部件，用以指代纺织或工商，这里比喻东南各省出产的粮食、布匹等军用物资，为朝廷敲响了警钟。

土木之变入诗史

明正统十四年（1449 年）发生的“土木之变”，是从长城内外直抵北京城下的一场战争。在此前后有张宁《居庸感事》、于谦《出塞》与《入塞》等记载当年情景，六十年后又有李梦阳《石将军战场歌》追忆立下战功的石亨。诸如此类的诗歌前后连缀起来，构成了反映这个重大事件的“诗史”。

面对蒙古瓦剌部首领也先对北京西北长城重镇大同的侵袭，明英宗贸然决定“御驾亲征”。张宁（1426 ~ 1496 年）字靖之，号方洲，景泰至天顺年间被誉为“谏官第一”，当时还只是一名举人，对此表示了极大的担忧。明代蒋一葵《尧山堂外纪》称：“张方洲有《感事》诗二首，盖为英宗北狩而作。”两首诗云：

羽书昨夜报居庸，百万雄师下九重。天子垂衣临大漠，群臣端笏扈元戎。禁中已乏回天谏，阃外谁成辟地功？千古澶渊扶日毂，令人长忆寇莱公。

宝马朱轮接上游，时危谁解奉天忧。鼎湖龙去英雄尽，剑阁云深日月愁。玉辇已随边地草，青山依旧汉宫秋。元勋野死潼关破，误国何人更首丘？[1]

第一首表达了对于皇帝率军亲征的担忧：昨夜听到来自居庸关的急报，百万大军从天而降出塞御敌。天子身披战袍驾临北方沙漠，原本端着笏版上朝奏事的群臣变作了元帅周围的护兵。朝堂之上已经没有能够说服皇帝改变主意的谏臣，宫门之外又有谁能建立开天辟地的功勋？时至今日不免令人经常想到宋朝久负盛誉的寇准，谁能像他那样在澶渊辅佐皇帝挽救国家危局？显然，即使寇准那样的栋梁再生，也要遇上愿意纳谏的皇帝。不久，前线就传来了明军在怀来土木堡覆没，英宗被瓦剌俘虏的消息。张宁在第二首诗中，表达了更深的忧虑，发出了强烈质问：皇帝的玉辇已被驱赶到胡人的草原，目前谁能解救天子之忧？放眼大明朝堂，已无支撑危局的擎天之柱。北京失去了西北的长城要塞，就像唐代长安失去了东边的屏障潼关一样。无数将领被抛尸在土木堡的荒野，是谁害得他们战死了都不能葬于故乡呢？

值得庆幸的是，张宁盼望的栋梁终于出现了，他就是时任兵部侍郎的于谦。在景泰帝支持下，于谦领导了抗击瓦剌的北京保卫战。戎马倥偬的于谦，留下了记录这段烽火岁月的七绝《出塞》四首与《入塞》四首。这两组诗并没有载于四卷本《于忠肃公集》

[1] 蒋一葵：《尧山堂外纪》卷八十六《国朝·张宁》，明万历三十四年刊本。

和八卷本《于肃愍公集》,《四库全书》著录的十三卷本《忠肃集》虽有此诗，但因忌讳而窜改的文字多达近二十处，显然殊不可取。兹以今人考订整理的《于谦诗选》为准。《出塞》展现明军开赴前线反击侵略的雄壮气势，表达对敌人的极度蔑视，寄托了对捷报频传、早日班师的期待。诗云：

健儿马上吹胡笳，旌旗五色如云霞。紫髯将军挂金印，意气平吞瓦剌家。

瓦剌穷胡真犬豕，敢向边疆挠赤子。狼贪鼠窃去复来，不解偷生求速死。

将军出塞整戎行，十万戈矛映雪霜。左将才看收部落，前军又报缚戎王。

羽书捷奏上神州，喜动天颜宠数优。不愿千金万户侯，凯歌但愿早回头。[1]

与《出塞》互为姊妹篇的《入塞》诗，是大军得胜班师的生动写照。诗云：

将军归来气如虎，十万貔貅争鼓舞。凯歌驰入玉门关，邑屋

[1] 于谦：《出塞》,《于谦诗选》(林寒选注),浙江文艺出版社 1984 年版，第 21 页。

参差认乡土。

弟兄亲戚远相迎，拥道拦街不得行。喜极成悲还堕泪，共言此会是更生。

将军令严不得住，羽书催人京城去。朝廷受赏却还家，父子夫妻保相聚。

人生从军无奈何，岁岁防边辛苦多。不须更奏胡笳曲，请君听我入塞歌。[1]

诗的大意是：战斗胜利后重回故里，亲人们欢欣鼓舞夹道相迎，大家劫后重生悲喜交加。将军催促士兵不得停留，先到京城接受朝廷赏赐再回家团聚。从军是令人无可奈何的事情，每年都要到长城沿线驻防御敌。要想知道戍边的艰辛，不用再奏来自塞外的乐曲，请您听我这首入塞歌就足够清楚了。

在于谦领导抵抗蒙古瓦剌侵略的战争中，左都督石亨立下了突出战功。正德四年（1509年）文坛领袖李梦阳写下叙事长诗《石将军战场歌》，借乡间父老之口，回顾六十年前的石亨与其侄石彪的事迹。诗云：

清风店南逢父老，告我己巳年间事。店北犹存古战场，遗镞

[1] 于谦：《入塞》，《于谦诗选》，第22～23页。

尚带勤王字。忆昔蒙尘实惨怛，反覆势如风雨至。紫荆关头昼吹角，杀气军声满幽朔。胡儿饮马彰义门，烽火夜照燕山云。内有于尚书，外有石将军。石家官军若雷电，天清野旷来酣战。朝廷既失紫荆关，吾民岂保清风店。牵爷负子无处逃，哭声震天风怒号。儿女床头伏鼓角，野人屋上看旌旄。将军此时挺戈出，杀胡不异草与蒿。追北归来血洗刀，白日不动苍天高。万里烟尘一剑扫，父子英雄古来少。天生李晟为社稷，周之方叔今元老。单于痛哭倒马关，羯奴半死飞狐道。处处欢声噪鼓旗，家家牛酒犒王师。休夸汉室嫖姚将，岂说唐朝郭子仪。沉吟此事六十春，此地经过泪满巾。黄云落日枯骨白，沙砾惨淡愁行人。行人来折战场柳，下马坐望居庸口。却忆千官迎驾初，千乘万骑下皇都。乾坤得见中兴主，日月重开再造图。枭雄不数云台士，杨石齐名天下无。呜呼杨石今已无，安得再生此辈西备胡。[1]

当年于谦在城内坚守，石亨在城外征战。尽管石亨后来变为致使于谦被害的罪魁之一，自己也因为日益骄纵被杀，但诗人依然秉持客观的态度，把他比作西汉霍去病、唐代郭子仪一类人物，铭记他们为挽救明朝命运所建立的功勋，同时表达了期望勇将重生以消弭西北边患的迫切心情。诗中的清风店在今河北易县西南；

[1] 李梦阳：《石将军战场歌》，《列朝诗集》丙集第十一，第 8 ~ 9 页。

紫荆关、倒马关、居庸关，都是长城上的重要关口；飞狐道在今河北蔚县东南，是穿越恒山的峡谷，设关戍守即称飞狐口或飞狐关。嫖姚将，指霍去病；李晟，唐代中期平定叛乱的名将；方叔，西周宣王时征讨四方的贤臣；杨洪，明代前期边塞御敌的杰出将领。

内外三关护京师

加强北京周边关塞的戍守，在明朝一直是长城布防的关键。北京处在整个防御体系的中心，外围从西南到西北方向，有内三关（居庸关、紫荆关、倒马关）与外三关（雁门关、宁武关、偏头关）作为屏障。

成化年间何乔新总督外三关防务，赋诗《过雁门关作》二首，描述关口内外的地理风物，抒发对守边艰难的感慨。奠鞬，东汉匈奴单于之名，这里代指塞外的蒙古部族首领。诗曰：

征骑萧萧度雁关，危峦绝巘力跻攀。东瞻帝阙祥云里，北望戎庭落照间。李牧垒荒烟树老，晋王碑在雨苔斑。临风慷慨怀前烈，抚剑长歌一怆颜。

雄关楼阁势翚飞，独倚危阑送夕晖。万里山河归管钥，三边将校属旌麾。鹎鹈泉竭边兵困，苜蓿烟消塞马肥。薄暮辕门笳鼓竞，

▲ 蜿蜒起伏（岳升阳摄）

前驱擒得薁鞬归。[1]

何乔新视察防务途中有《过长城作》，诗题下注“在武宁关北，其东九十里为狼牙村，宋杨业战死处”。他身履其地不禁触景生情，在层层写景铺垫之后，表达了对这位边关名将的深切悼念，与过雁门关时的“临风慷慨怀前烈”彼此呼应。诗曰：

断垣迤逦亘麋坪，云是秦人旧筑城。折戟每因耕后出，斜蒿时向雨余生。瓮门草满鼪鼯啸，雉堞云消鹳鹤鸣。东望狼村三舍近，凄凄烟树倍伤情。[2]

尹耕是山西蔚州（今河北蔚县）人，嘉靖年间官至河南按察司兵备佥事。后遭弹劾，绝意仕进，但在蒙古俺答部侵扰宣府与大同的形势下，他著书纵论边防要务，又在实地考察的基础上编撰《两镇三关志》，提供了大同镇、宣府镇与雁门关、宁武关、偏头关的军事地理、社会经济等方面的史料。尹耕熟知军事却无从施展，“以边才自负，一蹶不振，坎廪而终。诗如晓角秋笳，听者凄楚”[3]，由此使他成为明代享有盛誉的边塞诗人。钱谦益

[1] 何乔新：《椒丘文集》卷二十四《过雁门关作》，《四库全书》本。
[2] 何乔新：《椒丘文集》卷二十四《过长城作》，《四库全书》本。
[3] 朱彝尊：《静志居诗话》卷十二《尹耕》，人民文学出版社 1990 年版，第 340 页。

编《列朝诗集》收载尹耕诗六十首，大多涉及长城关口与军事。这些诗歌或描述边塞山川风物，或表达对军事形势的担忧，或同情筑城民夫与守边战士的艰辛，或通过回顾历史以反思布防弊端，处处透露出对国家和百姓的深切关怀。兹略举几例：

《秋兴八首》之三，从大同对于拱卫北京的意义入手，接着指出长城堡塞的多重危机：战士穿着薄薄的衣服扛过了严冬，荒年里的孤城粮仓即将空虚，十多年来运往北方的物资几乎把南方的民力和财源耗尽。面对这样的困境，奉劝每年轮班到长城驻防的将领，还是先别夸耀自己的功劳吧！诗云：

蓟门千里接云中，虏骑清宵警报同。合阵几窥青海月，鸣鞭争下黑山风。残冬战士衣仍薄，荒岁孤城廪欲空。南国十年输挽尽，防秋诸将慢论功。[1]

《上谷歌八首上楚中丞》之二，反思了明代边防战略布局的变化过程。永乐年间放弃塞外的战略要地大宁，开平卫的治所独石城（今河北赤城县北独石口）因此变得孤立无援。所幸那时还有永乐帝不避艰险亲率大军北逐蒙古残余，在所经过的西北地区伯颜山下，即使再过一千年，当地人也会记起先皇的英名。言外

[1] 尹耕：《秋兴八首》，《列朝诗集》丁集第二，第 17 页。

之意，现在的明朝军队已是萎靡不振了。诗云：

大宁无路援开平，极北孤悬独石城。遥忆先皇亲跃马，长驱绝塞苦提兵。寒流汩汩交樵径，野戍荒荒列汉旌。千载土人谈往事，伯颜山下有英声。[1]

长城与沿线各城镇构成彼此关联的防御体系，细微之处也不可忽视。尹耕《上谷歌八首上楚中丞》八首之四与之五，描述黄花镇、隆庆州、飞狐关、倒马关、紫荆关作为北京外围军事要塞的地位，提醒边将在修筑堡垒的同时，还要小心提防从小路偷袭。都说外敌一直在等待时机进犯，但有谁知道花当近年来为此做了怎样的准备？目前正是出塞击敌的好日子，应当迅速行动而不是久拖不决。花当，蒙古朵颜卫首领。受脤，出兵之前祭祀社神完毕，把社肉分赐众人，表示受命统军之意。鋋，小矛。隆庆州，明隆庆初年改为延庆。诗曰：

永宁山外黄花镇，隆庆州傍土木城。千里风烟开紫塞，万年根本是神京。分工幸筑沿边垒，深入宜防间道兵。见说虏酋窥伺久，花当谁识近年情。

---

[1] 尹耕：《上谷歌八首上楚中丞》，《列朝诗集》丁集第二，第18页。

飞狐倒马紫荆连，此去朝廷路一千。虎豹向来严锁钥，犬羊今日盛烽烟。时名受脤当关将，岁德临分破虏年。愿假精兵渡辽水，莫令疲病久戈鋋。[1]

白杨口亦作白羊口，是居庸关以东的重要关塞之一，与葛峪口、美峪口遥相呼应。《白杨口》一诗写其军事形势，寄托诗人壮志未酬的落寞心境。诗曰：

白杨黑风俱暗天，葛峪美峪遥相连。一声残角送烽火，十万行营空暮烟。悲秋游子倚短剑，极目长空思著鞭。壮志未酬人欲老，寒林落雾心茫然。[2]

《紫荆关》一诗，描摹这座名关的军事地理与军事布防的严谨，指出这样做的最终目的是赢得和平环境，从战火弥漫走向男耕女织的正常生活。诗云：

汉家锁钥惟玄塞，隘地旌旗见紫荆。斥堠直通沙碛外，戍楼高并朔云平。峰峦百转真无路，草木千盘尽作兵。谁识庙堂柔远意，

[1] 尹耕：《上谷歌八首上楚中丞》，《列朝诗集》丁集第二，第 18 页。
[2] 尹耕：《白杨口》，《列朝诗集》丁集第二，第 19 页。

▲ 延庆周四沟城墙遗迹

戟门烟雨试春耕。[1]

嘉靖年间保定通判冯惟敏《紫荆关阅武》一诗，强调内三关是距离京师最近的门户，感叹朝廷把安危系于戚继光等将帅一身，执掌朝政的高层却缺乏统摄全局的战略决策。诗云：

万年天险辟鸿濛，不数崤函百二雄。敕使观兵中执法，守臣分辅右扶风。从来肘腋三关重，此去华夷一路通。今日正烦廊庙策，安危何独在元戎。[2]

明末陈子龙表达了对朝廷决策者的更大失望，《辽事杂诗》指出，清军频繁突破长城关口，以卢龙塞为象征的险关要隘形同虚设。边关战事连年不止，清军入塞后疯狂杀戮造成白骨遍野，大明的败亡已是不可挽回。作者不禁满怀悲愤却又不无期待地发问：朝中都说能在宴席之上通过谈判转危为安，现在究竟谁是那位出类拔萃、堪当大任的栋梁之材呢？诗云：

卢龙雄塞倚天开，十载三逢胡骑来。碛里角声摇日月，回中烽色动楼台。陵园白露年年满，城郭青磷夜夜哀。共道安危任樽俎，

[1] 尹耕：《紫荆关》，《列朝诗集》丁集第二，第 19 页。
[2] 冯惟敏：《紫荆关阅武》，《明诗纪事》戊签卷八，第 1519 页。

即今谁是出群才？[1]

筑城百姓命惨悲

修筑长城大量耗费民力以及服役民夫的死亡流离，历来是长城诗歌的基本主题之一，明长城同样凝结着无数劳动者的血汗和生命。李梦阳《朝饮马送陈子出塞》，描写大量民夫死于修筑长城的工地、修好的长城却不能保护百姓的悲惨境遇，同时揭露了明朝军队的腐败。诗中遭受蒙古部族掳掠的开山县应作“开城县”，治所在今宁夏固原以南四十里开城乡。尽管如此，诗中融会了关于长城与战争的生活积累，不失为具有普遍意义的真实写照。诗曰：

朝饮马，夕饮马，水咸草枯马不食，行人痛哭长城下。城边白骨借问谁，云是今年筑城者。但道辞家别六亲，宁知九死无还身。不惜身为城下土，所恨功成赏别人。去年贼掠开山县，黑山血迸单于箭。万里黄尘哭震天，城门昼闭无人战。今年下令修筑边，丁夫半死长城前。城南城北秋草白，愁云日暮鸣胡鞭。[2]

尹耕《修边谣》述说百姓为修筑长城付出辛劳乃至生命的遭

[1] 陈子龙：《湘真阁稿》卷五《辽事杂诗》之七，明崇祯年间刻本。

[2] 李梦阳：《朝饮马送陈子出塞》，《列朝诗集》丙集第十一，第 3 页。

遇，与李梦阳《朝饮马送陈子出塞》描绘的情形相仿。修长城的劳役年年不断，他们在天寒地冻的冬季仍然日夜劳作，虽然想念家中的妻子儿女，却被戒备森严的军营所阻止，读来令人更加沉痛。诗云：

去年修边君莫喜，血作边墙墙下水。今年修边君莫忧，石作边墙墙上头。边墙上头多冻雀，侵晓霜明星渐落。人生谁不念妻孥，畏此营门双画角。[1]

清人吟咏多沉思

绵亘在我国北方的万里长城，在明代之前是中原政权用以抵御强敌的巨大屏障。清代完成了长城内外的大统一，尤其是近代随着冷兵器时代的结束，长城的军事意义逐渐减退。在这样的背景下，清代吟咏长城的诗歌通常以描写居庸关、古北口等交通要隘的地理形势为主，数量远远比不上明朝的长城诗歌，但也融入了不少关于历史上修筑长城的思考。

清代乾隆年间编纂的《日下旧闻考》，收录了康熙帝与乾隆帝吟咏长城的许多“御制”诗歌，或描写山川关口景物，或议论

[1] 尹耕：《修边谣》，《列朝诗集》丁集第二，第20页。

古今政事得失，虽然大多诗味寡淡甚至不乏生硬拼凑之处，却也留存了历史的痕迹。康熙帝《古北口》诗说："断山踰古北，石壁开峻远。形胜固难凭，在德不在险。"[1] 用以点题的最后两句，与唐太宗的观点互为表里。立德与选人固然是胜过修筑长城的方略，但他们提出这些看法的前提是已经取得了战争的决定性胜利，否则也就无从谈起。乾隆三十七年（1772 年）御制《出古北口即事》诗曰：

东方晓日万峰明，山路盘旋策马行。岩堞轴颓半有址，市廛栉比永无征（凡关皆有征税，惟古北口不设榷司，遵皇祖遗制也）。旅人那虑渐石泞，农父偏欣晒麦晴。让水即为治水策，费财奚事筑边城。

这首诗的价值不在诗句本身，而在于从某一句引出的大段注释，乾隆帝的诗大体都有这样的特点。针对"让水即为治水策，费财奚事筑边城"一句，作者注释说：

古北口边墙，缘山跨水以筑，潮河穿水门入。庚寅夏，大雨数日，河涨数丈余，奔腾突激，缭垣及城闉皆毁于水。以其为经

[1] 《日下旧闻考》卷一百五十三《边障》引康熙帝《古北口》，第 2459 页。

涂观瞻所系，发衡缗缮完之。辛卯，秋霖又盛，河涨如前，新缮垣复圮。迨出口临阅，察其故，盖边墙踞河上，正当其冲，河流既移逼城根，非可人力争御。若屡陁屡葺，虽无力役劳民之事，而糜金钱、疲工作，非计也。至于遏其势，致横溢伤民庐，益非计也。且今中外一家，关以外尚隶畿辅，又安藉此防边焉！北门固屹然壮观，余堞本无所轻重。因命视墙峙处结筑炮台，以见规制，阙者委之于河，使其畅流顺轨。行水之智，贵乎因势利导，让之乃所以治之。然于此正可，若夫内地民稠之处则又不可。[1]

庚寅、辛卯，是乾隆三十五年（1770年）和三十六年（1771年），古北口边墙和瓮城城门两度被夏秋暴雨冲毁。诗中显示：皇帝到实地考察后看到，成灾的原因是潮河之水被关城的城根所阻，因此决定拆除部分城墙给河水让路。在人烟不太稠密的地方，让水就是治水，何必花费人力和财力修筑边城呢？这些都表明，尽管长城的军事价值仍在，古北口也在修筑炮台，但清代长城南北已是一家，无须再像从前那样用以防备北来的威胁了。

乾隆年间沈德潜编选的《清诗别裁集》，收录了几首吟咏长城尤其是居庸关与古北口的作品。丁澎《度岭见长城》先写沿途

[1] 《日下旧闻考》卷一百五十四《边障》，第2460～2461页。

所见景物，继而抒发对于行路艰难的感慨，“长城如带雾中看”等句诗味浓郁。诗曰：

岭坂风回树郁盘，长城如带雾中看。随阳雁断天疑尽，背日峰高夏苦寒。沧海不沉秦女石，浮云欲动楚臣冠。伊州一曲先挥泪，况是亲经行路难。[1]

高其倬《古北口》一诗，从关口的地理形势与战略位置入手，叙述自先秦至明代修筑长城的流弊，接着批评宦官把持朝政，让空有雄心却不懂兵法的书生边关挂帅，导致士兵战死沙场、城池关隘失守直至社稷倾覆、江山易主。最后指出防守必须以能够战斗为前提，把百姓交给爱护他们的官员去管理，把任命官员等朝政交给公平尽责的贤臣去执掌，这才是治理天下必然取胜的根本。诗曰：

九边雄寰中，古北乃其一。北顾阚居庸，南境抵辽碣。屹然介其间，长垣兀积铁。高冒峰峦巅，低竟蛟龙窟。晴空展虹霓，海势现城阙。千里不可穷，随山远曲折。城头一抔土，黎庶九州血。作俑赵与秦，流弊及明末。貂珰秉国成，书生总戎律。志拟封狼胥，

[1] 丁澎：《度岭见长城》，《清诗别裁集》卷四，第 74 页。

▲ 长城如带雾中看（臧未盈摄）

▲ 险关八达岭（简梓文摄）

兵不逾房闼。飒沓西风来，万骑射南月。腾凌在俄顷，若蹴蚍蜉堞。深源竟丧师，无忌空抱节。可怜边沙中，青磷照白骨。城同夏鼎倾，事与秋烟灭。龌龊何足论，阶厉病前哲。不见张韩公，筑城门不设。从来守边术，能战守可说。更有必胜方，千古同一辙。赤子付龚韩，白麻命萧葛。[1]

高其倬历数史事，用典较多。张韩公，唐代名将张仁愿，被封为韩国公，曾在黄河北岸修筑受降城防御突厥。深源，东晋将领和清谈家殷浩，字深源，率军北伐后赵，兵败许昌。无忌，东晋末年将领何无忌，轻率决定进攻卢循部将徐道覆，手持“苏武节”督战而死。龚韩，西汉渤海郡太守龚遂与颍川及东郡太守韩延寿，都以爱护百姓、治理地方成就卓著闻名。白麻，翰林草拟的将相任命书，象征朝廷用人的决定权。萧葛，西汉丞相萧何与三国蜀汉丞相诸葛亮。

沈用济《燕山》诗，描绘出塞之后凭吊古战场的见闻与感想。目睹曾经激战厮杀的遗迹与大雕盘旋起落的场景，遥想烈士生前的壮志豪情，写来慷慨激昂，令人无比震撼，如同置身于关塞之上。诗云：

[1] 高其倬：《古北口》，《清诗别裁集》卷十八，第 339 页。

我行经燕山，凭吊古战场。当时锐头儿，誓死事戎行。功业未得成，金镞遗山冈。皂雕如车轮，飞来立人旁。黄云蔽四野，风沙浩茫茫。驱马行出关，悲歌慨以慷。身著短后衣，剑佩百炼钢。扼吭度飞狐，仰面看天狼。生当为冠军，死当为国殇。[1]

康有为在光绪十四年（1888年）参加顺天乡试期间，经沙河、昌平，出居庸关，登八达岭，沿途写下了六七首与长城相关的纪行诗。其间最出色的《登万里长城》二首，堪为清代吟咏长城的压卷之作。

作者放眼关塞河山，纵览历史风云：块块巨石就像被神人挥鞭驱赶到云峰之上，连成了万里长城。且不要说由此多次抵御外敌所建立的丰功伟绩，古代英雄筑造长城的宏大气魄更加令人惊异和钦佩。站在八达岭上遥望远方，不禁想到曾在长城内外纵横驰骋的百万勇士。诗人表现的情怀不同于常见的吊古悲叹，而是豪迈地向正在沉沦的国家宣告，“造事令人惊”的新一代英雄已经到来。诗曰：

秦时楼堞汉家营，匹马高秋抚旧城。鞭石千峰上云汉，连天万里压幽并。东穷碧海群山立，西带黄河落日明。且勿却胡论功绩，

[1] 沈用济：《燕山》，《清诗别裁集》卷二十五，第491页。

英雄造事令人惊。

汉时关塞重卢龙，立马长城第一峰。日暮长河盘大漠，天晴外部数疆封。清时堡堠传烽静，出塞山川作势雄。百万控弦嗟往事，一鞭冷月踏居庸。[1]

[1] 康有为：《登万里长城》，上海市文物保管委员会文献研究部编《万木草堂诗集》卷二《汗漫舫诗集》，上海人民出版社 1996 年版，第 39 页。

今天的中国长城已经成为全人类的历史文化遗产，以长城为地理依托和文化载体，积淀为一条绵亘万里的文化带。

第九章　长城万里展新猷

▲ 万山红遍（吴文涛摄）

万里长城因为军事的需要而修筑，和平时期则是一条南北经济交流、民族往来、文化融合的纽带。在近现代反抗外来侵略的斗争中，万里长城又被视为中华民族的精神象征。今天的中国长城已经成为全人类的历史文化遗产，以长城为地理依托和文化载体，积淀为一条绵亘万里的文化带。北京是明代长城防线的总指挥部，也是长城守卫的重点所在，北京段因此成为这条文化带具有特殊地位的区段之一。

长城内外是故乡

“万里长城万里长，长城外面是故乡……”这是1937年未拍成的电影《关山万里》的插曲，潘孑农作词、刘雪庵谱曲的《长城谣》。流亡关内的东北同胞渴望打回老家去，无时不在思念长城外面的故乡。离开这个特定的情境放眼历史长河，长城内外都是中华民族的故乡。处在传统农牧交错带的长城，把南北各民族密切地联结起来。

在近代意义上的中华民族逐渐形成和发展的进程中，不同时期各民族之间的矛盾冲突乃至兵戎相见，与彼此之间的相互交流、相互融合，都是客观存在的历史事实。民族融合在文化上的体现，大约可分为两种情形。其中既有一方对另一方文化的主动学习和借鉴，也有被征服者不得不去接受征服者的某种文化，但在浸染熏陶数代之后，却又“习惯成自然”地转变为他们主动维护的文化形态。前者如战国时期赵武灵王“胡服骑射”，堪称古代主动“师夷长技以制夷”[1]的典范，西汉张骞通西域更是主动引进了大量非汉族的外来文化。后者如清初强迫汉族剃发，这无疑是残酷却又能够轻而易举地摧毁其文化心理的政治手段。但到民国时期号召剪除辫子，居然遭到不少汉族民众甚至知识阶层的强烈反对，当年被迫接受的“舶来品”已经被他们视为思想文化意义上的“国粹”。历史的烟云散尽之后再来回顾中国各民族的文化融合过程，在冲突与排斥之外，也要看到“渡尽劫波兄弟在，相逢一笑泯恩仇”[2]的一面。

汉代在长城以北的主要对手是强大的匈奴，名将卫青、霍去病在征讨匈奴的战争中屡立奇功，霍去病还留下了“匈奴未灭，

[1] 魏源：《海国图志》卷首《原叙》，岳麓书社 1998 年版，第 1 页。

[2] 鲁迅：《题三义塔》，《鲁迅全集》第 7 册，人民文学出版社 1981 年版，第 151 页。

无以家为”[1]的千古名言。即使如此，处于农牧交错带的长城仍然沟通了南北各民族的交往与融合。汉武帝曾对匈奴“明和亲约束，厚遇，通关市，饶给之。匈奴自单于以下皆亲汉，往来长城下”[2]。历代中原王朝的怀柔政策，在汉武帝时期都已进行了普遍尝试。和亲，即汉朝公主或皇室女儿远嫁北方或西域，彼此建立一条旨在维系政治军事稳定的姻亲纽带，这条纽带则经常随着双方发生的政治变幻而被斩断。厚遇，就是以帝王的名义实行某些特殊政策，通过给予对方丰厚的物质待遇以安其心。通关市，基本形式是在长城关口或距离边境不远的地方，设立官方管理的物资交流场所，类似于宋辽时期在边关设置的榷场，塞北一方在这里以畜牧产品交换中原出产的粮食、茶叶、金属器具与丝织品等。中原王朝的“赐予”通常远远超过“进贡”的那些畜牧产品的价值，这也是明朝大臣屡次主张停止互市的原因之一。由此引起的蒙古部族突入长城以南掳掠，大多以再次开通互市而结束。汉武帝的“饶给之”，当然也是指多多赐予各种物质实惠。战争的目的无非是获得物质、土地与人民，历来以游牧为生的匈奴却并不希图固定的土地与农耕的民众，只要能够满足他们的物质需求，终究还是要回到草原去过祖祖辈辈习惯的游牧生活。汉武帝实行上述各项政策之后，“匈奴自单于以下皆亲汉，往来长城下”

[1] 《史记》卷一百一十一《卫将军骠骑列传》，第 2939 页。

[2] 《史记》卷一百十《匈奴列传》，第 2904 页。

水到渠成，一时呈现出与烽火连天的岁月迥然不同的风景，为战争与和平交织的历史留下了静谧的一页。

昔日严密扼守的关口成为相互往还的通道，原本为戍守御敌而修建的城堡要塞，有许多成了日后发展为村镇城邑的基础。经济文化的密切交流，对于促进民族心理的形成极为重要。北宋与辽国彼此以南朝、北朝相称，虽然不乏相互攻伐的战争岁月，但更多的是互通使节的和平年代，古北口等长城关隘由此成为经济文化交流的必由之路。北宋使者经过古北口，能够拜谒辽国为杨业修建的庙宇，反映了长城内外的契丹与汉族推崇忠贞毅勇的共通的民族心理。苏辙在出使辽国途中，遇到了诵读苏洵、苏轼、苏辙诗文的契丹学者，他在给苏轼的诗中写道："谁将家集过幽都，逢见胡人问大苏。莫把文章动蛮貊，恐妨谈笑卧江湖。"[1]三苏诗文的传播，是长城南北文化交流的见证。燕山与长城在历史上往往被视为"夷汉"或"华夷"之间的民族区域分界线，但是，文化上的彼此认同比有形的疆界更重要，"一统华夷"或"天下一家"，才是儒家文化熏陶下的统治者追求的远大理想。唐太宗有"平定四海，天下一家"[2]的自我评价。北宋陈襄出使辽国时表示："所谓南北一家，自古两朝欢好，未有如此。"[3]金朝的

[1] 苏辙：《栾城集》卷十六《奉使契丹二十八首·神水馆寄子瞻兄四绝》，第398页。
[2] 《旧唐书》卷六十五《高士廉传》，第2443页。
[3] 陈襄：《使辽语录》，金毓黻主编《辽海丛书》第八集，第3页。

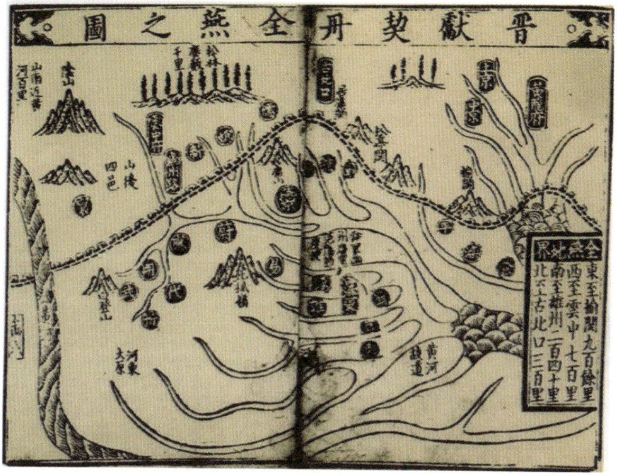

▲《晋献契丹全燕之图》（选自《契丹国志》）

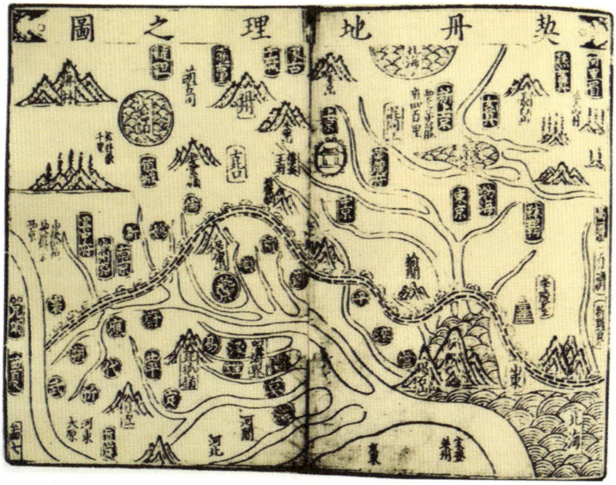

▲《契丹地理之图》（选自《契丹国志》）

海陵王完颜亮认为“自古车书一混同”，因此有“提师百万临江上，立马吴山第一峰”[1]的雄图大志。元世祖忽必烈，被后世赞为“肇启疆宇，华夏一统”[2]。永乐帝给蒙古瓦剌部首领的谕旨说：“夫天下一统，华夷一家，何有彼此之间尔。其遣人往来相好，朕即授以官赏，令还本地射猎畜牧，安生乐业，永享太平之福。”[3]由此可见，长城从来不是南北各民族思想上的边界，宋代的《华夷图》《地理图》《晋献契丹全燕之图》《契丹地理之图》等，也只是把长城作为一条绵长的人工地物加以表示。

与汉代相似，在明朝与蒙古诸部相安无事的岁月里，长城内外也呈现出各民族经济文化广泛交流的局面。永乐年间牟伦《题肃州景》写道：“百雉层城万里遥，汉家曾此建旌旄。不闻官吏鸣宵柝，尚有番王款圣朝。贡去天闲皆騕褭，驮来银瓮有蒲萄。于今绝塞无烽警，定远何须戍险劳。”[4]通过互市以及民间的其他渠道，南北之间在经济上互通有无，文化上逐渐趋近。明朝与蒙古达成“隆庆议和”之后，俺答汗之妻三娘子忠实地加以执行。她毕生参掌兵权、主持贡市，利用自己的崇高威信多次化解危局，为维护长城内外的稳定和平做出了重大贡献，深受蒙汉两族人民

[1] 宇文懋昭：《大金国志》卷十四，《大金国志校证》本，中华书局1986年版，第199页。

[2] 《元史》卷二十二《武宗本纪一》，第493页。

[3] 《明太宗实录》卷三十，永乐二年四月辛未。

[4] 牟伦：《题肃州景》，《明诗纪事》乙签卷十一，第760页。

的尊敬，被明朝敕封为“忠顺夫人”。和平局面植根于双方选择了正确的策略，这才使得进出长城沿线的商贸驼队代替了羽檄烽烟。在明代达到最终完善阶段的万里长城，像一条巨龙在我国北方的崇山峻岭之上蜿蜒不绝，表达了以龙为图腾的中华民族的共同心声。

万众筑成新长城

历史的发展促使长城作为民族分布地理界线的作用逐渐淡漠，清朝的统一最终在客观上消除了自先秦时期就已时隐时现的南北冲突，广袤的蒙古高原、东北平原与中原大地连成一体，长城的军事功能迅速衰退，像黄河一样用以标志中华文化、中华民族的符号意义则日益强化。“大江南北、长城内外”早已是形容我国辽阔领土的常用语，杰出将帅的英雄事迹一直成为鼓舞人民的巨大力量。巍然屹立的万里长城与中华民族威武不屈、敢于反抗一切来犯之敌的英勇精神高度契合，在近现代抗击外来侵略的斗争中进一步凸显了它的象征意义。

一个民族的精神魂魄，往往在抵御外侮的紧要关头最鲜明地展现出来。1933 年 3 月至 5 月，我国军队在长城沿线抗击日本侵略的壮举，就是其中的典型代表。1934 年 7 月 15 日出版的《政治月刊》1卷4期所载《华北各战役之回顾》[1]、2002年出版的郭汝瑰等主编《中国抗日战争正面战场作战记》[2]等材料中记载，1933年1月1日，日军进攻山海关，东北军57军军长何柱国率部顽强抵抗，长城抗战由此爆发。日军相继占领山海关、承德后分兵南下，觊觎京津。我国军队分守独石口、古北口、喜峰口、冷口等处，依托长城关隘进行阻击。3月11日拂晓，日军在飞机大炮掩护下进攻古北口。10时许，古北口以东的将军楼阵地失守，古北口正关随后也被日军占领。在中央军17军25师龙王峪阵地，师长关麟征重伤，团长王润波阵亡。73团团长杜聿明代理师长指挥战斗，以劣势装备连续击退日军三次进攻。在电讯中断、后援不继、伤亡惨重的情况下，被迫转移到南天门阵地。刚刚赶到前线的17军2师，接替严重减员的25师防守南天门阵地，83师稍后赶到。4月16日至18日，日军出动数十架飞机轰炸石匣城和密云县城，21日大举进攻南天门。2师苦战五昼夜，83师接防后又激战三昼夜，直至阵地完全被日军炮火摧毁，也没有一兵一卒的援军到来。5月10日，补充力量后的日军发动全线总攻，17军将士奋力苦战，新开岭、石匣相继失守。15日，密云县城被日军占领。由于指挥策略、武器装备、官兵训练等方面的差距，我

[1] 方粹纯、李廉：《华北各战役之回顾》，《政治月刊》1934年1卷4期。
[2] 郭汝瑰、黄玉章主编：《中国抗日战争正面战场作战记》，江苏人民出版社2002年版，第190 ~ 218页。

军在长城抗战中伤亡惨重，政府最终与日本签订了丧权辱国的《塘沽协定》。但在另一方面，“由于我全体战士忠勇惨烈之牺牲，及其宁死不屈的一贯底抗御精神决心之表现，实已将我中华民族之铁血精神与夫自由平等之一致要求宣示于世界！且亦深使敌人觉悟到我炎黄子孙之不可轻侮！”[1]

坚守在帽儿山的古北口七勇士，是投身长城抗战的众多中国军人的代表，他们的壮烈牺牲甚至赢得了敌方的敬佩。《华北各战役之回顾》记载：

古北口一役，为功至巨。盖斯时我后方部队尚未开到集中，苟非廿五师之忠勇抗战，敌即可长驱直入，危及平津。职是之故，廿五师以少数单弱之兵力（时廿五师参加作战部队仅有四个步兵团）且在三个夜行军之后，与敌军抗战之经过，要多可歌可泣之处，其中尤以七勇士之事迹为著。此项消息，乃《塘沽协定》后自北平日使馆传出者，当非讹诈。先是，廿五师奉令向南天门转进时，有某团士兵七人，守一山头，被敌层层包围冲锋五六次，均未得突围而出，遂由七人发誓同死该处。敌军不知虚实，以一连兵力来攻。该七人弹不虚发，沉着应战，卒将敌军一连消灭殆尽。敌军大哗，复以一连来攻。时该七人枪弹已绝，遂逐一就义，已去

[1] 《华北各战役之回顾》，《政治月刊》1934 年 1 卷 4 期，第 31 ~ 32 页。

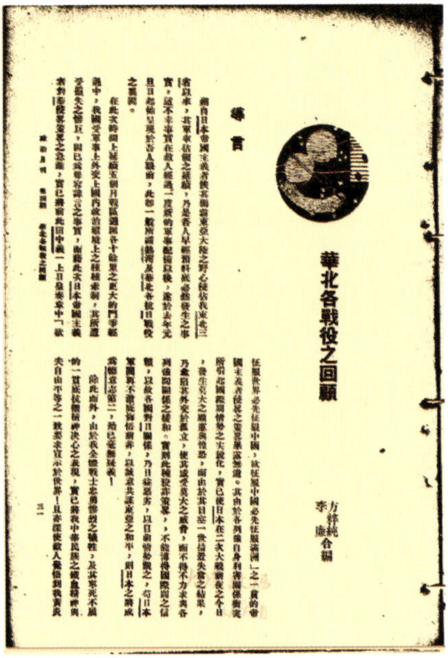
華北各戰役之回顧

方鋒純
李　康　合編

導言

▲《华北各战役之回顾》

其六。及至日军某少队长带领士兵卅余人，搜索前进迨到达巅时，仅剩余之上等兵代理班长一人，且受重伤，突起，以一手榴弹向敌军掷去。敌军不察，自少队长以下因几全队阵亡。我负伤之上等兵，遂亦以刺刀自杀。其后日军敬其神勇，于该处建一极雄壮坚固之墓，代为收葬，题为“支那七勇士之墓”。并闻日军第八师团之高级军官，皆曾亲往祭奠，迄至今日，尤不时至该处向该七人致敬。往返古北口一带之商贾，类皆能道之。[1]

当年日军所立的木牌，早已荡然无存。2005 年 8 月 15 日，古北口村村民委员会与河北承德实验中学长城科考队，在帽儿山下竖立了“古北口七勇士纪念碑”，2012 年 5 月列为密云县文物保护单位。2013 年 8 月，在抗日战争胜利六十八周年之际，密云县人民政府修建了“古北口长城抗战七勇士纪念碑”。烈士的热血洒在长城内外的崇山峻岭，万里长城由此增强了作为中华民族精神象征的辉煌色彩。

1931 年“九·一八事变”致使东北沦陷，1933 年长城抗战失败后，中华民族的危机更加严重。1935 年 5 月 24 日，田汉编剧，许幸之导演，王人美、袁牧之、谈瑛、顾梦鹤等主演的电影《风云儿女》，在中国影坛率先吹响了拿起武器抗日救亡的号角。田

[1] 《华北各战役之回顾》，《政治月刊》1934 年 1 卷 4 期，第 35 ~ 36 页。

汉作词、聂耳作曲的影片主题歌《义勇军进行曲》发出了全民族的共同誓言，其中“把我们的血肉筑成我们新的长城”一句，将万里长城作为民族象征的标志意义再度强化。

1949 年 9 月 30 日，中国人民政治协商会议第一届全体会议发表宣言，“采用了《义勇军进行曲》为现时的国歌”[1]。《中华人民共和国宪法》2004 年修正案，在第一百三十六条增加第二款：“中华人民共和国国歌是《义勇军进行曲》。”[2] 2017 年 9 月 1 日，第十二届全国人大常委会第二十九次会议通过《中华人民共和国国歌法》，于 2017 年 10 月 1 日起施行。

起来！不愿做奴隶的人们！

把我们的血肉，筑成我们新的长城！

中华民族到了最危险的时候，

每个人被迫着发出最后的吼声。

起来！起来！起来！

我们万众一心，冒着敌人的炮火前进！

冒着敌人的炮火，前进！前进！前进！进！

---

[1] 毛泽东：《中国人民大团结万岁》，《毛泽东选集》第五卷，人民出版社 1977 年版，第 9 页。

[2] 《中华人民共和国宪法（2004 年）》，中国人大网 www.npc.gov.cn。

不到长城非好汉

长城是古代劳动人民用无数血汗和生命筑造的举世无双的伟大工程，历史上吟咏长城的诗词歌赋汗牛充栋、不胜枚举。在现代史上，毛泽东主席的两首词《清平乐·六盘山》和《沁园春·雪》，为万里长城的文化形象增添了浓墨重彩。

1935 年 10 月，正在长征路上的中国工农红军跨过了甘肃境内的六盘山，《清平乐·六盘山》为这段历史留下了永不磨灭的足迹。在“不到长城非好汉”的豪迈誓言里，“长城”不是作者亲眼所见的地物，而是比喻红军北上的目的地。今天在八达岭长城“好汉坡”最高处立碑镌刻这句词的手迹，形成了红军长征与攀登长城之间彼此相通的精神关联。

另据阿英《敌后日记》所载，1942 年 8 月 1 日的新四军《淮海报》，刊登了毛泽东主席当年率领红军“抵达甘肃六盘山时所作《长征谣》一首”[1]。它与《清平乐·天盘山》的内容完全一致，但自由体的《长征谣》表达起来更加口语化，应是行军途中为激发战士们的昂扬斗志而写。《清平乐·六盘山》则是此后以《长征谣》为基础，按照格律要求剪裁锤炼而成的词作，个别文字在

[1] 阿英：《敌后日记》，《阿英全集》第 11 卷，安徽教育出版社 2003 年版，第 225 页。

▲不到长城非好汉

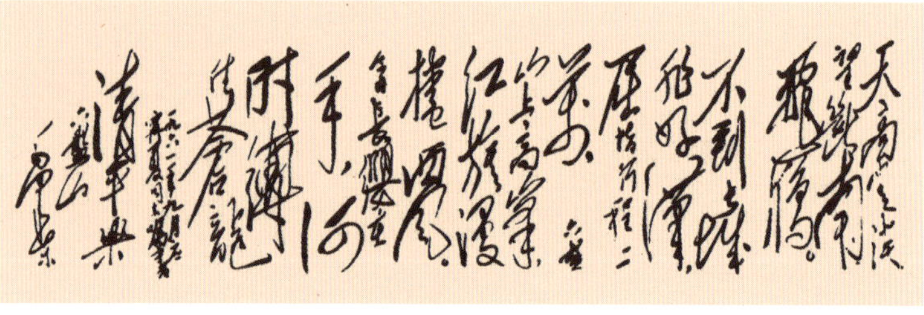

▲ 毛泽东《清平乐·六盘山》手迹（选自《毛泽东诗词选》）

若干年后略有修改，直至成为今天所见的定稿。词曰：

天高云淡，望断南飞雁。不到长城非好汉，屈指行程二万。

六盘山上高峰，红旗漫卷西风。今日长缨在手，何时缚住苍龙？[1]

毛主席诗词的巅峰之作《沁园春·雪》，写于1936年2月红军由陕北即将东渡黄河进入山西北部之时。“望长城内外”变为对地理风物的写实，雄视千古的壮志豪情以长城、黄河、山脉、高原为依托，更显得视通万里、大气磅礴。这首词与《清平乐·六盘山》都不以描写长城为主旨，长城却因为这两首名作而蕴含了崭新的时代精神。词曰：

北国风光，千里冰封，万里雪飘。望长城内外，惟余莽莽；大河上下，顿失滔滔。山舞银蛇，原驰蜡象，欲与天公试比高。须晴日，看红装素裹，分外妖娆。

江山如此多娇，引无数英雄竞折腰。惜秦皇汉武，略输文采；唐宗宋祖，稍逊风骚。一代天骄，成吉思汗，只识弯弓射大雕。俱往矣，数风流人物，还看今朝。[2]

[1] 毛泽东：《清平乐·六盘山》，《毛泽东诗词选》，人民文学出版社1986年版，第59页。

[2] 毛泽东：《沁园春·雪》，《毛泽东诗词选》，人民文学出版社1986年版，第61～62页。

万里长城延续到当代，已经成为体现先民高度智慧、见证时代风云变幻、凝聚民族精神力量的历史文化遗产。从时间维度考察，它镌刻着中国两千多年的沧桑变化，是一座记录战争与和平进程的历史丰碑，具有广博深邃的文化底蕴。从整体形象着眼，它像一条巨龙在横贯我国北方的崇山峻岭之上蜿蜒起伏，以龙为图腾的中华民族很容易由此找到共同的心声。就建筑艺术而言，它的雄伟壮观、巧妙布局、高超设计和以雕刻为主的装饰艺术，表现了古代人民的聪明才智。以文学角度衡量，围绕长城主题进行的各类创作，强化了它的文化象征意义。从挖掘和保护历史文化资源、梳理和延续区域历史文脉出发，宏观形态呈现为线条状的长城及其附近区域，今天已被视为一条文物遗存集中分布、发展脉络相对清晰的“长城文化带”。

在 2017 年 9 月向社会发布的《北京城市总体规划（2016 年 ~ 2035 年）》中，“加强三条文化带整体保护利用”是拓展和丰富历史文化名城保护内容的任务之一。长城文化带与大运河文化带、西山永定河文化带并列，要求“有计划推进重点长城段落维护修缮，加强未开放长城的管理。对长城保护范围及建设控制地带内的城乡建设，实施严格监管。以优化生态环境、展示长城文化为重点，发展相关文化产业，展现长城作为拱卫都城重要

▲ 考察墙子路古城

军事防御系统的历史文化及景观价值”[1]。最初提出三个文化带的概念，出发点是明确未来加强文物保护的重点所在，但在规划公布后产生的社会反响相当强烈，长城文化带与大运河文化带的调查研究和保护利用，迅速得到了多个相关省、市、自治区的积极回应。长城在今天已经不再被视为单一的建筑存在，以此为地理依托和文化符号的长城文化带，更是一个建立在特定生态环境中的文化整体。

长城文化带是梳理北京历史文脉的主要方向，也是挖掘保护地方文化遗产的重点区域之一。从时间、空间、文化、社会等维度审视这条文化带，广泛开展长城文化遗迹的野外调查和多种类型的学术研究，是认识历史、保护遗存、传承文化的前提和基础。从追寻时代变迁入手了解长城文化带的形成过程，从空间角度研究各类文化遗迹的分布特征与地理背景，通过以往的政治关联、军事行动、经济交往、文化传播、民族融合等分析长城沿线的人类活动，站在历史发展与民族精神的高度阐释长城的文化象征意义，应当成为考古、地理、历史、文化等领域的专业工作者基本的学术视角。与此同时，还需把北京市境内的长城文化带放在涉及全国数省区的整体范围内来考察，尽力避免可能由于认识上局限一隅、画地为牢带来的偏差。北京是明代长城防线的总指挥部

[1] 《北京城市总体规划（2016年～2035年）》，北京市人民政府首都之窗网站2017年9月29日发布。

与军队守卫的核心区域，富有众多传说、历史更加悠久的秦汉长城分布在河北、内蒙古、辽宁以及我国西部的十多个省区之内。北京率先提出长城文化带的研究和建设，有效带动了周边省区的联合行动。科普工作者和社会公众的广泛参与，也是增强长城文化保护意识和传承效果的重要环节。对于民间组织、民间人士进行的相关活动，应采取必要的引导、支持和鼓励政策，将长城保护变成人民群众的自觉行动。三个文化带建设将逐步把点线分散的文化资源整合为点线融合的带状文化资本，更好地服务于北京的古都风貌保护和现代化都市的可持续发展。

引用文献

【古代文献】

《国语》，上海古籍出版社 1978 年版。

《淮南子》，《诸子集成》本，中华书局 1954 年影印版。

《嘉庆重修一统志》，商务印书馆 1934 年版。

《吕氏春秋》，中华书局影印《诸子集成》本。

《毛诗》，《黄侃手批白文十三经》本，上海古籍出版社 1983 年版。

《孟子》，《黄侃手批白文十三经》本。

《明实录》，台北中研院史语所 1962 年影印本。

《墨子》，《诸子集成》孙诒让《墨子闲诂》本。

《清实录》，中华书局 1985 ~ 1987 年影印本。

《战国策》，岳麓书社 1988 年版。

《周礼》，《黄侃手批白文十三经》本。

《左传》，《黄侃手批白文十三经》本。

敖英原编、凌云补辑：《唐诗绝句类选》，明崇祯间吴兴凌氏三色套印本。

班固：《汉书》，中华书局 1997 年缩印本。

毕沅：《续资治通鉴》，中华书局 1957 年版。

边贡：《居庸二首》，《日下旧闻考》引《华泉集》。

蔡珪：《出居庸作》，《中州集》本。

曹松：《己亥岁二首》，《全唐诗》本。

岑参：《白雪歌送武判官归京》，《全唐诗》本。

曾公亮：《武经总要》，解放军出版社、辽沈书社《中国兵书集成》1987 年影印明刻本。

陈襄：《使辽语录》，金毓黻主编《辽海丛书》，辽海书社 1936 年版。

陈子龙：《辽事杂诗》，《湘真阁稿》，明崇祯年间刻本。

陈田辑撰：《明诗纪事》，上海古籍出版社 1993 年版。

崔鸿：《十六国春秋》，《四库全书》本。

丁澎：《度岭见长城》，《清诗别裁集》本。

董穀：《塞上曲》，《明诗纪事》本。

杜甫：《前出塞九首》《后出塞五首》，《全唐诗》本。

杜牧：《樊川文集》，上海古籍出版社 1978 年版。

范晔：《后汉书》，中华书局 1997 年缩印本。

方孔炤：《全边略记》，明崇祯元年刻本。

方孝孺：《勉学诗》，《列朝诗集》甲集。

房玄龄等：《晋书》，中华书局 1997 年缩印本。

冯琦：《出居庸》，《长安客话》引。

冯惟敏：《紫荆关阅武》，《明诗纪事》本。

傅昂霄：《饮马长城窟》，《清诗别裁集》。

富弼：《论河北七事疏》，黄淮、杨士奇编《历代名臣奏议》，台湾学生书局 1985 年影印本。

高其倬：《古北口》，《清诗别裁集》本。

高适：《蓟门行五首》《燕歌行》，《全唐诗》本。

谷应泰：《明史纪事本末》，中华书局 1977 年版。

顾炎武：《昌平山水记》，北京古籍出版社 1980 年版。

顾祖禹：《读史方舆纪要》，中华书局 1955 年版。

贯休：《杞梁妻》，《全唐诗》本。

郭茂倩编：《乐府诗集》，中华书局 1979 年版。

郭造卿：《卢龙塞略》，明万历三十八年刻本。

郝经：《陵川集》，《四库全书》本。

何乔新：《过雁门关作》《过长城作》，《椒丘文集》，《四库全书》本。

蒋一葵：《尧山堂外纪》，明万历三十四年刊本。

蒋一葵：《长安客话》，北京古籍出版社 1994 年版。

焦竑：《国朝献徵录》，明文书局《明代传记丛刊》本。

康有为：《登万里长城》，上海市文物保管委员会文献研究部编《万木草堂诗集》本，上海人民出版社 1996 年版。

李白：《战城南》《北风行》，《全唐诗》本。

李百药：《北齐书》，中华书局 1997 年缩印本。

李邦直：《议戎策上》，《四库全书》本。

李继本：《一山文集》，《四库全书》本。

李孔昭：《义冢碑记》，康熙《蓟州志》，清康熙四十三年刻本。

李梦阳：《石将军战场歌》《朝饮马送陈子出塞》，《列朝诗集》丙集。

李颀：《塞下曲》《古塞下曲》《古从军行》，《全唐诗》本。

李延寿：《南史》，中华书局 1997 年缩印本。

郦道元：《水经注》，上海古籍出版社 1990 年版。

令狐德棻：《周书》，中华书局 1997 年缩印本。

刘敞：《杨无敌庙》，《全宋诗》本。

刘侃：《居庸晚眺》，《日下旧闻考》引《新阳馆集》。

刘向：《说苑》，向宗鲁《说苑校证》本，中华书局 1987 年版。

刘效祖：《四镇三关志》，《四库全书》影印明万历四年刻本。

刘迎：《晚到八达岭下达旦乃上》《出八达岭》《南口》，《中州集》本。

罗颀：《物原》，《丛书集成初编》本，商务印书馆 1937 年版。

麻兆庆：《昌平外志》，清光绪二十一年刻本。

马端临：《文献通考》，中华书局 1986 年版。

马文升：《为禁伐边山林木以资保障事疏》，中华书局 1962 年影印《明经世文编》本。

牟伦：《题肃州景》，《明诗纪事》本。

欧阳修：《新唐书》，中华书局 1997 年缩印本。

彭定求编：《全唐诗》，中华书局 1960 年版。

彭汝砺：《古北口杨太尉庙》，《全宋诗》本。

戚继光：《马上作》，《列朝诗选》丁集。

戚祚国等：《戚少保年谱耆编》，《续修四库全书》本。

钱谦益编：《列朝诗集》，清宣统二年影印汲古阁刻本。

萨都剌：《雁门集》，《四库全书》本。

申时行等：《大明会典》，《续修四库全书》本。

沈德潜编：《清诗别裁集》，河北人民出版社 1997 年版。

沈用济：《燕山》，《清诗别裁集》本。

施浨宾：《唐七言绝选叙》，《唐诗绝句类选》卷首。

司马光：《资治通鉴》，中华书局 1956 年标点本。

司马迁：《史记》，中华书局 1997 年缩印本。

宋濂：《元史》，中华书局 1997 年缩印本。

宋应星：《天工开物》，明崇祯十年刻本与抄本。

苏颂：《和仲巽过古北口杨无敌庙》，《全宋诗》本。

苏辙：《栾城集》，上海古籍出版社 1987 年版。

孙承泽：《春明梦余录》，北京古籍出版社 1992 年版。

汤显祖：《邯郸记》，中华书局 1958 年影印《六十种曲》本。

汤显祖：《玉茗堂全集》，《续修四库全书》本。

唐顺之：《古北口城》，《列朝诗集》丁集。

陶宗仪：《南村辍耕录》，中华书局 1959 年版。

脱脱等：《辽史》，中华书局 1997 年缩印本。

脱脱等：《宋史》，中华书局 1997 年缩印本。

汪元量：《水云集》，《四库全书》本。

王昌龄：《从军行七首》《出塞二首》，《全唐诗》本。

王定安：《湘军记》，岳麓书社 1983 年版。

王翰：《凉州词二首》，《全唐诗》本。

王慎中：《望居庸关》，《日下旧闻考》引《遵岩集》。

王士翘：《西关志》，北京古籍出版社 1990 年版。

王恽：《秋涧集》，《四库全书》本。

王祯：《农书》，明嘉靖九年山东布政司刊本。

魏焕：《皇明九边考》，《国立北平图书馆善本丛书第一集》影印明嘉靖刻本。

魏收：《魏书》，中华书局 1997 年缩印本。

魏学礼：《春思曲》，《列朝诗集》丁集。

魏源：《海国图志》，岳麓书社 1998 年版。

魏徵等：《隋书》，中华书局 1997 年缩印本。

许倓：《塞上曲》，《日下旧闻考》引《西峪集》。

许有壬：《圭塘小稿》，《四库全书》本。

杨宾：《柳边纪略》，《龙江三纪》本，黑龙江人民出版社1985年版。

叶隆礼：《契丹国志》，上海古籍出版社1985年版。

尹耕：《秋兴八首》《上谷歌八首上楚中丞》《白杨口》《紫荆关》《修边谣》，《列朝诗集》丁集。

于敏中等：《日下旧闻考》，北京古籍出版社1985年版。

于谦：《出塞》《入塞》，林寒选注《于谦诗选》，浙江文艺出版社1984年版。

宇文懋昭：《大金国志》，《大金国志校证》本，中华书局1986年版。

宇文虚中：《过居庸关》，《中州集》本。

元好问编：《中州集》，中华书局1959年版。

袁忠彻：《出居庸关作》，《日下旧闻考》引《袁尚宝集》。

张爵：《京师五城坊巷衚衕集》，北京古籍出版社1982年版。

张廷玉等：《明史》，中华书局1997年缩印本。

朱彝尊：《静志居诗话》，人民文学出版社1990年版。

【晚近文献】

《考古重大发现：秦皇岛发现巨大的明长城砖窑群》，中国网，新华社2002年12月27日。

阿英：《敌后日记》，《阿英全集》，安徽教育出版社2003年版。

敖承隆：《河北徐水解村发现古遗址和古城垣》，《考古》1965年第10期。

北京大学古文献研究所编：《全宋诗》，北京大学出版社1992年版。

北京市昌平区文化委员会编：《昌平文物志》，北京燕山出版社2010年版。

北京市文物研究所编：《中国古代建筑辞典》，中国书店1992年版。

范文澜：《中国通史》第二册，人民出版社1978年版。

方粹纯、李廉：《华北各战役之回顾》，《政治月刊》1934年1卷4期。

郭汝瑰、黄玉章主编：《中国抗日战争正面战场作战记》，江苏人民出版社2002年版。

怀柔县地名志编辑委员会编：《北京市怀柔县地名志》，北京出版社1993年版。

李永强：《北京考古史·明代卷》，上海古籍出版社2012年版。

鲁迅：《题三义塔》，《鲁迅全集》第7卷，人民文学出版社1981年版。

毛泽东：《毛泽东诗词选》，人民文学出版社1986年版。

毛泽东：《毛泽东选集》第五卷，人民出版社1977年版。

密云县地名志编辑委员编：《北京市密云县地名志》，北京出版社 1992 年版。

睡虎地秦墓竹简整理小组：《睡虎地秦墓竹简》，文物出版社 1990 年版。

唐晓峰等：《北京北部山区古长城遗址地理踏查报告》，学苑出版社 2009 年版。

王彩梅：《燕国简史》，紫禁城出版社 2001 年版。

魏明俊：《北京怀柔发现明代古砖窑，挖出残砖将近 80 块》，《北京青年报》2012 年 8 月 17 日。

吴文涛：《土木之变与北京保卫战》，北京出版社 2000 年版。

杨伯峻：《春秋左传注》，中华书局 1981 年版。

后　记

这本小册子是对以北京段为主的长城历史文化的扼要解说。北京地理学会致力于开展关于大运河、长城、西山永定河文化带的研究和宣传，组织编写了这样一套丛书。我所服务的北京市社会科学院实行课题激励制度，奖励年度科研考核排在前若干名的同志额外申报一项自选课题。适逢其会，我的《北京长城文化研究》得以立项，与丛书的写作合而为一。为了兼顾研究与普及的不同要求，我们显然不能向导游手册靠拢，而是要注重发掘长城蕴含的历史文化的精髓，同时力求以通俗的语言并辅以较多的图片做出形象化的表达。

大约从2004年开始，我随本院历史所的同事们进行了持续数年的北京山区历史文化资源调查，长城是其中的专题之一。参加《北京历史地图集》编辑人员组队的长城考察，增添了更多的实地体验。近年来撰写《中国地域文化通览》北京卷长城文化部分，应邀为《北京文史》《北京日报》《京郊日报》《北京档案史料》等提供关于长城的稿件，都有助于加深对长城问题的思考。上述研究工作和野外考察，为此次写作奠定了必要的学术基础。

在本书顺利完稿之际，衷心感谢下列诸位师友的鼎力襄助！当我发出需要长城照片与碑刻资料的请求之后，北京大学岳升阳先生迅速提供了他在历年考察长城时拍摄的多张作品；延庆文委文物研究所范学新先生立即发来了明代长城碑刻和拓片的照片；北京联合大学朱永杰先生发来了考察延庆等地长城的记录；我在北京社科院历史所的同事吴文涛、高福美、王洪波，或热情提供亲自拍摄的长城照片，或代为寻觅国内外有关长城画册。玉泉小学简梓文、臧未盈、王斯羽、徐可欣等同学的家长，热情洋溢地找出他们拍摄的东起山海关、西到嘉峪关的长城照片供我参考。书中采用各位提供的照片时，逐一注出了拍摄者的尊姓大名，聊表尊重版权与永志不忘之意。其余图片则是我的简单尝试，选用古籍插图的版本年代尽量求早，借以增加一点历史的韵味。在丛书编辑过程中，承蒙朱祖希先生、王越先生多方鼓励，北京地理学会刘晓萌老师做了大量组织保障工作，在此一并致以衷心的感谢！

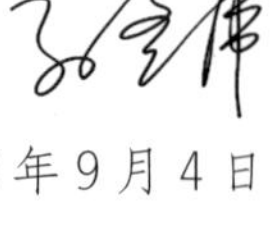

2020 年 9 月 4 日

图书在版编目（CIP）数据

话说长城 / 孙冬虎著. —北京：中国工人出版社，2021.2
（北京人文地理丛书）
ISBN 978-7-5008-7545-1

Ⅰ. ①话… Ⅱ. ①孙… Ⅲ. ①长城 – 介绍 Ⅳ. ①K928.77

中国版本图书馆CIP数据核字（2021）第035051号

作者简介

孙冬虎，北京市社会科学院历史所二级研究员，从事历史地理、地名学、区域史研究。著有《北京近千年生态环境变迁研究》《北京地名发展史》《北京历史人文地理纲要》《古都北京人地关系变迁》等十余部，发表论文百余篇，主持完成国家社科基金项目、北京市社科基金重大项目等课题多项，2008年被授予国务院政府特殊津贴。

话说长城

出 版 人 王娇萍
责任编辑 姚 宁
责任印制 黄 丽
出版发行 中国工人出版社
地 址 北京市东城区鼓楼外大街45号 邮编：100120
网 址 http：//www.wp-china.com
电 话 （010）62005043（总编室）（010）62005039（印制管理中心）
（010）62379038（社科文艺分社）
发行热线 （010）62005996 82029051
经 销 各地书店
印 刷 三河市万龙印装有限公司
开 本 880毫米×1230毫米 1/32
印 张 9.75
字 数 182千字
版 次 2021年4月第1版 2024年1月第2次印刷
定 价 78.00元